Negociação Coletiva de Trabalho com o Comitê de Representantes dos Trabalhadores da Empresa

Rodrigo Chagas Soares
*Mestre e Especialista em Direito do Trabalho pela Pontifícia
Universidade Católica de São Paulo – PUC/SP.
Especialista em Direito Empresarial pela FMU/SP.
Advogado com experiência em Direito Sindical.
Professor.*

Negociação Coletiva de Trabalho com o Comitê de Representantes dos Trabalhadores da Empresa

LTr

LTr EDITORA LTDA.
© Todos os direitos reservados

Rua Jaguaribe, 571
CEP 01224-001
São Paulo, SP — Brasil
Fone: (11) 2167-1101
www.ltr.com.br
Agosto, 2015

Projeto Gráfico e Editoração Eletrônica: Peter Fritz Strotbek
Projeto de Capa: Fabio Giglio
Impressão: Pimenta Gráfica e Editora

Versão impressa: LTr 5319.2 – ISBN 978-85-361-8523-1
Versão digital: LTr 8767.0 – ISBN 978-85-361-8528-6

Dados Internacionais de Catalogação na Publicação (CIP)
(Câmara Brasileira do Livro, SP, Brasil)

Soares, Rodrigo Chagas
  Negociação coletiva de trabalho com o comitê de representantes dos trabalhadores da empresa / Rodrigo Chagas Soares. — São Paulo : LTr, 2015.

  Bibliografia.

  1. Direito do trabalho 2. Negociações coletivas 3. Representantes dos trabalhadores da empresa 4. Sindicatos 5. Trabalhadores — Direitos fundamentais I. Titulo.

15-05699   CDU-34:331.1

Índice para catálogo sistemático:

1. Negociações coletivas de trabalho : Direito do trabalho   34:331.1

*Para a minha família: minha esposa,
de quem sou um admirador constante,
e minha filha, que mesmo antes de seu nascimento
já enchia a família de paz, alegria e amizade.*

*Nascida, superou as expectativas
com seu sorriso admirável e cativante.*

*Aos meus pais, sogros, cunhadas e irmãos
que são exemplos constantes.*

Agradecimentos

Esta obra é oriunda de dissertação de mestrado apresentada à Pontifícia Universidade Católica de São Paulo – PUC-SP, a qual me possibilitou auferir o título de Mestre em Direito do Trabalho no primeiro semestre de 2014.

O título original da dissertação de mestrado foi *Comitê de representantes de trabalhadores da empresa e o Estado Democrático de Direito como instrumento de efetivação dos direitos fundamentais*, o qual permaneceu íntegro com algumas sugestões de alterações pela respeitável Banca Examinadora e de Qualificação formada pelos Professores Doutores Paulo Sérgio João, Raimundo Simão de Melo, Adalberto Martins e Ana Amélia Mascarenhas Camargo. É certo que todas as sugestões foram devidamente aceitas e aplicadas na obra para a publicação deste livro. Aos Doutores, com enorme gratidão.

Ao meu Professor Orientador Paulo Sérgio João, pela oportunidade de desenvolver o pensamento científico, incentivando a análise da doutrina estrangeira em busca de soluções para as lacunas do Direito Brasileiro.

Ao Professor Doutor Antônio Rodrigues de Freitas Júnior, pela amizade que, mesmo em conversas informais, agrega conhecimentos constantemente. Ao Jorge Boucinhas, à Professora Joselita Borba e ao Leonel Maschietto, pelas oportunidades. Aos amigos e colegas do corpo docente da COGEAE/PUC-SP, pelas experiências trocadas.

Agradeço aos meus amigos de trabalho, pelos incentivos e debates cotidianos pautados em doutrinas, legislações e entendimentos jurisprudenciais.

À minha estimada esposa, pela dedicação, amizade e compreensão, da qual tenho enorme admiração e orgulho por tê-la ao meu lado, além de minha gratidão pela linda família que pudemos formar.
À minha filha, por me conceder a convivência com demonstrações de enorme carinho e amor, essencial e inspiradora.
A meus pais, pelos valores que me ensinaram na vida.
Aos meus irmãos, por serem exemplos constantes.

Enfim, agradeço a Deus pela vida que me concede e pelos momentos que me possibilitam aprender e apreciar esse milagre.

Sumário

Prefácio 11

1. Introdução 13

2. Aspectos Históricos Relevantes 15

3. Negociação Coletiva Descentralizada 33

4. Teoria dos Direitos Fundamentais sobre o Direito de Representação dos Trabalhadores da Empresa 39

5. Apontamentos Relevantes do Estado Democrático de Direito 55

6. Critérios Formais Proeminentes do Comitê de Representantes de Trabalhadores da Empresa 59
   6.1. Relação com sindicatos 59
   6.2. Natureza jurídica da representação 62
   6.3. Critérios quantitativos de representação 66
   6.4. Atribuições e limites do comitê 67
   6.5. Quórum de deliberação e registro da ata de assembleia 72
   6.6. Garantias aos representantes 75
   6.7. Personalidade jurídica dos comitês 79
   6.8. Responsabilidade civil dos comitês 82

7. A Natureza Jurídica do Acordo Celebrado Diretamente pelo Comitê de Representantes de Trabalhadores da Empresa 89

8. Comitê de Representantes de Trabalhadores da Empresa e a Recusa de Negociação pelo Sindicato 95

9. O Estado Democrático de Direito como Forma de Legitimar a Representação no Local de Trabalho 103

10. Aspecto Contencioso da Negociação Coletiva Realizada com o Comitê de Representantes de Empresa 109

11. Considerações Finais 115

12. Referências Bibliográficas 117

Prefácio

O trabalho que tenho a honra de prefaciar retoma, com elegância e competência, uma importante linha de trabalho e de pesquisa, que gravita em torno da organização e da negociação sindical no local do trabalho.

É bem provável que iniciativas de atuação sindical no ambiente de trabalho sejam, talvez, tão antigas, quanto a própria história do ativismo operário.

Foi, porém, apenas nas primeiras décadas do século XX, que essa atuação adquiriu grandeza programática e doutrinária, incorporando-se de modo permanente ao repertório de bandeiras e de estratégias da luta sindical, chegando até nossos dias.

Suas primeiras formulações são, em geral, creditadas ao pensamento anarquista e à seminal contribuição da doutrina "conselhista" de orientação marxista, presente em autores tão diversos como Karl Korsch, Anton Pannekoek, Herman Gorter e no mais marcante entre deles: o pensador italiano Antonio Gramsci.

A ênfase na luta pelo poder no interior do local do trabalho sempre correspondeu — e ainda corresponde — a um feixe muito variado e polêmico de propósitos e de estratégias políticas.

Interessa aqui destacar aquele que seria mais tarde incorporado ao repertório da doutrina jurídica; em especial, do direito sindical: a perspectiva de democratização da empresa e de conquista do direito de organização, de manifestação e de negociação no local de trabalho.

Em outros termos: permitir que o oxigênio virtuoso da democracia contamine o ar respirado no interior dos muros da fábrica.

Ocorre que o conceito de "local de trabalho" sofrerá inúmeras transformações no curso do século XX e mesmo no início deste século.

Da noção de "chão de fábrica", desenhado à imagem do estabelecimento estrita ou predominantemente fabril, transitamos para novos espaços de aglutinação de numerosos trabalhadores, tais como os estabelecimentos de empresas de serviços, de comércio, de financeiras e até mesmo aquele das novas "repartições públicas" criadas a partir da ampliação do plexo de "serviços" caudatária do estado de bem-estar social.

Mas não é quanto à natureza da atividade que o velho "chão de fábrica" cederá lugar a novas figuras.

Com o desenvolvimento de novas tecnologias e a expansão dos processos comunicativos de computação e rede, o "chão" ou o *locus*, em que historicamente se organizou a prestação social do trabalho humano em escala industrial desde meados do século XIX, torna-se, crescentemente, abstrato e "virtual".

Refiro-me aqui a algo bem mais amplo e radical que o novo desenho do trabalho em domicílio. O conceito de "local" não apenas ultrapassa as fronteiras territoriais do estabelecimento fabril, como subverte até a moldura física em que se sacralizara como arena de julgo e riqueza.

É por conta da radicalidade dessas transformações que a retomada da investigação sobre a atuação sindical no local de trabalho constitui exigência relevante e atual.

Sucedendo o antigo "chão de fábrica", as mais recentes dimensões do "ambiente de trabalho" implicam o desafio de repensar, não apenas, a relação entre homem e espaço, como também a relação empregado-empregado num cenário "virtualizado", fragmentado e movediço.

Novos contornos espaciais tendem a precipitar mudanças nos jogos intersubjetivos, entreabrindo a formação de novos atores e possibilidades relacionais anteriormente impensáveis.

É por esses itinerários de transformações, a um só tempo territoriais e subjetivas, que nosso autor debate a emergência do comitê de trabalhadores, emergindo como agente capaz de promover a negociação coletiva diante do empregador.

Mas seu argumento é responsável e cauteloso: "a desincumbência da entidade sindical para negociar e que legitima um comitê de trabalhadores em negociar diretamente com seu empregador deve ser analisada de maneira cautelosa, requerendo-se a aferição dos motivos da recusa sindical".

Rodrigo Chagas Soares resolveu, em boa hora, enfrentar os riscos desafiadores dessa nova reconfiguração do espaço-sujeito laborais, contando para tanto com o encorajamento do Professor Paulo Sérgio João, a quem também se creditam méritos desta obra com seu orientador junto ao programa de pós-graduação da Pontifícia Universidade Católica de São Paulo.

Concebido, originariamente, como uma dissertação de mestrado, este livro, contudo, não tem vocação para o confinamento acadêmico. Bem ao contrário, projeta-se, claramente, em direção ao diálogo com a dimensão prática da vida sindical e trabalhista; suas mazelas, mesmices, e possibilidades de inovação e mudança.

Por seus ingredientes de rigor argumentativo e de atualidade doutrinária, este livro é leitura obrigatória para todos os que se interessam pelo direito do trabalho e pela experiência sindical contemporânea no âmbito da empresa; em especial: advogados trabalhistas, dirigentes sindicais, magistrados, integrantes do Ministério Público e Auditores do Trabalho.

Com essa iniciativa, a prestigiada Editora LTr marca mais um tento na literatura especializada em direito do trabalho e relações sindicais, publicando um trabalho instigante e competente.

São Paulo, outono de 2015.

Antonio Rodrigues de Freitas Jr.
Mestre, Doutor e Livre-docente. Professor Associado do Departamento de Direito do Trabalho e da Seguridade Social — Faculdade de Direito — Universidade de São Paulo-USP e Diretor-Executivo da Escola do Parlamento do Município de São Paulo.

1. Introdução

A importância de se fazer uma análise do comitê de representantes de trabalhadores da empresa e sua inserção no Estado Democrático de Direito decorre do cenário sindical que o Brasil apresenta, bem como das inseguranças jurídicas de uma interpretação de um monopólio sindical irrestrito para a negociação coletiva, preterindo-se a previsão celetista de legitimidade subsidiária ou mesmo concorrente como apontado pela doutrina. Há a necessidade de buscar uma efetiva defesa dos direitos fundamentais dos trabalhadores nas relações laborais dentro da própria empresa.

Assim, no capítulo segundo desta dissertação, destinado aos aspectos históricos relevantes ligados à matéria, destacar-se-á a consolidação dos comitês de representantes em países estrangeiros, analisando-se o momento em que se afirmam e as razões pelas quais se inseriram nas empresas. No Brasil, a análise partirá dos movimentos sindicais do início do século XX e a tentativa de consolidação das representações internas nas empresas.

Quando se aborda a questão do comitê de representantes da empresa e a forma coletiva de negociação, deve-se analisar a legislação que define o direito coletivo, assim como o debate sobre as formas de negociação – centralizada ou descentralizada. Esses aspectos serão definidos e analisados no capítulo três, apresentando-se a doutrina e legislação que versam sobre o assunto.

Os direitos fundamentais de trabalhadores passam a ser analisados no capítulo quatro, em uma abordagem da constitucionalização das relações laborais e da negociação coletiva do trabalho.

É, igualmente, nesse contexto que se analisa o Princípio do Estado Democrático de Direito isoladamente no capítulo cinco, sendo impossível realizar aqui um aprofundamento do tema, diante da imensidão teórica que a Teoria Geral do Estado apresenta dentro das Ciências Políticas. Portanto, no capítulo cinco, busca-se abordar apenas os aspectos relevantes do Estado Democrático de Direito e sua importância como medida a assegurar maior igualdade entre todos os envolvidos na relação laboral.

Passando-se aos critérios formais, o capítulo seis cuidará de fazer uma abordagem geral da formalidade que eventualmente recai sobre o comitê de representantes da empresa, perquirindo se o formalismo sobrepõe-se à existência de fato do comitê despido da burocracia de um registro formal, bem como os atos formais na representação do comitê quando atua na defesa dos interesses dos trabalhadores, dentre outros, o quórum de autorização para negociação coletiva sobre determinado direito e a responsabilidade civil que incide no desempenho das atribuições.

Depois de analisadas algumas questões formais que incidem sobre o comitê de trabalhadores da empresa, faz-se no capítulo sete o estudo da natureza jurídica dos acordos celebrados entre o empregador e os trabalhadores, tomando-se por base a doutrina portuguesa, que se assemelha ao modelo sindical brasileiro de negociação coletiva e que versa sobre a legalidade desses instrumentos celebrados sem a participação da entidade sindical, por meio do que se denomina acordo coletivo atípico.

O capítulo oito passa a analisar a recusa da entidade sindical em negociar coletivamente com uma empresa, tal como exige a legislação trabalhista antes de conceder autorização para que a negociação se efetive com os trabalhadores interessados. O capítulo busca aferir se os motivos ensejadores da recusa do sindicato, analisada no tópico específico mais adiante, inviabilizaria em definitivo o prosseguimento da negociação coletiva diretamente com comitê de representantes de trabalhadores da empresa.

Superada a questão do justo motivo para a recusa do sindicato em negociar, o nono e último capítulo do trabalho estuda a legitimidade do acordo celebrado com o comitê de representantes da empresa à guisa do Princípio do Estado Democrático de Direito, que será analisado de modo pragmático, diferente da forma teórica apresentada no capítulo quatro, a qual serviu de sustentáculo para o estudo deste capítulo.

O décimo capítulo analisará aspectos práticos que ocorrem por iniciativa de trabalhadores, sindicato ou mesmo de instituições que dão início a uma ingerência estatal nas relações coletivas entre Comitê, empregador e trabalhadores, muitas das vezes injustificadamente. Enquanto não há uma cultura de respeito e seriedade dos acordos coletivos celebrados pelos Comitês, propõe-se uma forma de atribuir segurança jurídica para essas avenças, antecipando a iniciativa estatal para que haja o respeito dos interesses das partes contratantes e antes mesmo de uma potencial anulação do acordo - pelas instituições - que já estaria sendo aplicado nas relações de trabalho.

O desafio proposto neste trabalho é, portanto, analisar as formas de representação dos trabalhadores na defesa de seus direitos e, ao final, propor a legitimidade do comitê de representantes da empresa por meio de preceitos constitucionais vigentes.

2. Aspectos Históricos Relevantes

O modo de organização de trabalhadores na empresa advém de experiências vividas dentro de fábricas e empresas quando trabalhadores assumiram um papel de destaque e relevância para a defesa de seus próprios interesses. O que se verifica é que esse modo de organização não proveio de lei, mas da experiência prática. O objetivo era criar um canal de comunicação direto com o empregador destinado a melhorar as condições de trabalho.

Lembra-nos Amauri Mascaro Nascimento (2013, p. 1.380-1.381) que na Itália, nos anos de 1906 e 1919, existiram as Comissões Internas, as quais eram chamadas de *consigli di fabbrica* e haviam sido precedidas pelos representantes de seção na França, em 1846 (da Fábrica Godin); pelos conselhos de usina no Val-des-Bois, em 1885 (de León Harmel); e pelos delegados operários em Creusot, na França, em 1889 (nas Fábricas Schneider).

No ano de 1922, na Espanha, foram organizados os conselhos de cooperação industrial. Em 1920, pela lei de 4 de fevereiro, lastreado na Constituição de Weimar, ergueram-se os conselhos de empresas na Alemanha. E, no mesmo país, em 1934, os "homens de confiança" — assim denominados aqueles ligados à organização sindical que os nomeava a fim de evitar o distanciamento dessa representação da entidade — passaram a representar os trabalhadores dentro da empresa.

Na República Federal da Alemanha — no período pós-Segunda Guerra Mundial — foi promulgada a lei de organização social da empresa de 1952, a qual passou a prever os conselhos de fábrica, acarretando na experiência da cogestão, conforme leciona Amauri Mascaro Nascimento (2009, p. 94):

> Com o término da guerra e a divisão da Alemanha, cindiu-se, consequentemente, o movimento sindical, desdobrando-se em modelo soviético e modelo autônomo, correspondendo às duas diferentes áreas de ocupação do país, com a República Democrática da Alemanha (zona soviética) e a República Federal da Alemanha (zona americana). Nesta, cresceu um sindicalismo de elevado poder econômico, organizado por setores de atividade industrial e por diversos tipos de profissões. Restabeleceram-se as negociações coletivas, desenvolveu-se o direito de greve, foi aprovada a lei de organização social da empresa (1952) e foram criados Conselhos de Fábrica que exerceram papel de relevo, influindo na experiência alemã, bem-sucedida, da cogestão da empresa. A tal ponto chega a relação entre sindicato e empresa que o sindicato é um complemento do Comitê de empresa.

O embate surgido entre as representações internas de trabalhadores e sindicatos repercutiu em alguns países na década de 1960, sendo pacificado quase no início da década seguinte. Foi o que ocorreu na Itália, em um período denominado *outono quente* (1969), conforme demonstra ainda Amauri Mascaro Nascimento (2009, p. 87), quando os sindicatos abandonam a estratégia de combater as comissões internas de trabalhadores e passam a utilizá-las para atuar dentro das empresas:

> A representação dos trabalhadores no local de serviços cresceu com as Comissões Internas, que já existiam antes do período contemporâneo. Essas Comissões não foram mais combatidas pelos sindicatos, quando passaram estes a delas utilizar-se, encontrando nelas um meio para penetrar nas empresas. As Comissões foram controladas pelas grandes centrais e confederações sindicais. Algumas permaneceram autônomas. Mas foi um privilégio conferido à confederação mais representativa o domínio da representação sindical na empresa, nos casos em que as Comissões estivessem articuladas com o movimento sindical.

Como se verifica, na Itália contemporânea, os sindicatos viram nessas comissões a oportunidade para atuar dentro da empresa.

Ao que se demonstra, o debate sobre o comitê de representantes de empresas é mais recente e pauta-se em uma reestruturação produtiva da lógica da mundialização do capital. Tal como leciona José Eduardo Faria (1996, p. 133-134):

> [...] as relações internacionais se caracterizam por dois movimentos diametralmente opostos: o da globalização ou integração econômica, alimentado pelos interesses políticos, comerciais e econômico-financeiros dos oligopólios, dos grandes bancos e de alguns poucos governos nacionais; e o da balcanização ou fragmentação sociocultural, uma vez que a globalização é um processo de decisões privadas e públicas tomadas na forma de sucessivos e inacabados desafios e ajustes, gerando intensas transformações cujas origens e consequências são extremamente complexas, por causa de suas múltiplas dimensões não econômicas.

Para o autor, se, por um lado, há na globalização uma visão oligárquica e seletiva que impõe uma agenda internacional, "como a desregulação dos capitais, a geração de formas cooperativas de interdependência econômica, a unificação monetária, a flexibilização dos sistemas de produção" (FARIA, 1996. p. 134), por outro há

> a degradação das condições de vida das populações dos países tidos como "em desenvolvimento", especialmente os da endividada América Latina [...], frente à qual as novas instâncias de poder têm revelado pouco interesse ou escassa capacidade de respostas, [e que] constituem-se em explosivo contraponto do processo de unificação e flexibilização da economia mundial (FARIA, 1996. p. 134).

A fim de fazer frente a essas escassas capacidades de resposta das instâncias de poder, a organização interna dos trabalhadores desponta como uma solução para a defesa dos direitos dos empregados no interior das empresas. A globalização alterou o modo de produção e de trabalho, impactando nas relações trabalhistas, tal como corrobora Túlio de Oliveira Massoni (2007, p. 24):

> A reestruturação produtiva, sob a lógica de mundialização do capital, tende a impulsionar as metamorfoses do trabalho industrial e a fragmentação da classe trabalhadora. A investigação das principais causas da crise apontadas por sociólogos do trabalho, economistas, cientistas políticos e juristas é extremamente necessária na medida em que somente a partir da identificação delas é que poderão ser formuladas e avaliadas as propostas e as alternativas para a superação da crise de que ora se cuida.

O comitê de representantes de trabalhadores das empresas é oriundo de uma evolução flexibilizante do Direito do Trabalho, a fim de dar guarida aos direitos fundamentais. Essa dimensão global do método de produção a que alude Massoni (2007) é uma das constatações de Maria do Rosário Palma Ramalho (2000, p. 677), ao lecionar acerca da flexibilização dos sistemas laborais das últimas décadas:

> Em termos gerais, cremos que a evolução flexibilizante da generalidade dos sistemas laborais nas últimas décadas legitima três constatações com relevo dogmático: a primeira é a da dimensão global e da vocação estrutural do processo de flexibilização; a segunda é a da relativa facilidade com que ele tem sido aceite pela ciência jurídica, apesar desse alcance geral; e a terceira é a das suas implicações no princípio da proteção dos trabalhadores e na configuração tradicional do direito do trabalho como um direito unilateral ou de favorecimento dos trabalhadores.

O objetivo dessa flexibilização dos sistemas laborais advém de uma necessidade de a sociedade alcançar o *status* de *investment grade*, tal como leciona José Eduardo Faria (2003) em palestra ministrada no 22º Congresso Estadual dos Advogados Trabalhistas (informação pessoal)[1]. De acordo com o autor, "a sociedade para poder crescer tem de agregar valor, mas para agregar valor as instituições têm de ser eficientes. E um dos fatores de eficiência da instituição [...] é exatamente o Direito" (FARIA, 2003 — informação pessoal[2]). Prossegue o doutrinador afirmando que:

> [...] Ao mesmo tempo, podemos verificar, quando saímos deste estudo do economista Pércio Arida [...] examinar um segundo estudo, que foi publicado há dez dias, mais precisamente na segunda-feira retrasada, pelo jornal "Valor Econômico", por um ex-diretor do Banco Central, Sérgio Verlang, que procura exatamente mostrar isso, que o Brasil não tem outra alternativa para crescer a não ser acelerar o seu acesso ao *investment grade*. Sem capitais externos, o Brasil não cresce, sem capitais externos o Brasil não se desenvolve, sem capitais externos e sem desenvolvimento a sociedade explode. O problema do investimento, o problema do *investment grade* é exatamente um conjunto

---

(1) Informação fornecida no 22º Congresso Estadual dos Advogados Trabalhistas, em Bragança Paulista, em 2003, e registrada em degravação informal elaborada por Ana Amélia Mascarenhas.
(2) *Idem.*

de reformas. Uma delas é exatamente aquela em que ele se concentra neste artigo publicado pelo "Valor" (dois parágrafos) – a que diz respeito à flexibilização da Legislação Trabalhista, a uma reforma do aparato judicial, a uma tentativa de se acabar com a proteção, digamos assim, ao hipossuficiente, ao mais fraco [...] O que quero dizer é que talvez esteja acabando o momento em que poderíamos falar em termos de Direito positivo como sendo o único Direito possível. Possivelmente, nesse contexto que estou pintando para vocês, a noção do Direito positivo tenha chegado a um nível de exaustão e tenha surgido a partir daí a ideia de que o Direito, em vez de morrer, ao contrário do que aparentemente eu estou dizendo, pelo contrário, ele vai crescer ainda mais. Porém, ele crescerá não no sentido, digamos, protetor, ele não crescerá num sentido necessariamente justiceiro, mas crescerá numa base obrigacional, numa base negocial, numa base, digamos, contratual [...] Talvez estejamos vendo o pêndulo voltar para a área de Direito Privado. (FARIA, 2003 — informação pessoal[3])

A tentativa de se obter o grau de investimento de um país acarreta no argumento de flexibilização dos direitos trabalhistas, falando-se, hodiernamente, em uma exaustão do Direito positivado e dando margem ao crescimento de um novo paradigma de descentralização das negociações coletivas, conforme leciona o próprio José Eduardo Faria (2003 — informação pessoal[4]) para quem: "esse novo paradigma tem uma característica bastante significativa: ele tem uma característica descentralizada, via mercado, basicamente horizontal, uma cultura jurídica de natureza privada, de natureza privatista [...]".

No mesmo sentido, para Fernando Hugo Miranda (2012, p. 1.497), os novos métodos de produção acarretaram descentralização ou centralização das negociações coletivas. Como será visto em capítulo próprio logo adiante, a centralização é aquela que converge em um único ator social que detém o monopólio para a negociação. Contrariamente, a descentralização é a existência de mais de um canal de comunicação entre trabalhadores e empresa, cuja negociação não está monopolizada em um único negociador, deslocando-se para o interior das empresas.

Essa descentralização da negociação ocorre pelo: a) surgimento do *outsourcing* como uma opção de gerenciamento mais viável, com a fragmentação da cadeia de produção em diferentes empresas, de modo a resultar em sérias dificuldades para a representatividade de sindicatos profissionais diante da fragmentação de trabalhadores em categorias, o que pressiona, por sua vez, a negociação coletiva em direção a níveis mais específicos, reduzindo o campo de projeção dos ajustes coletivos e favorecendo a descentralização; b) aumento da competição internacional que leva empresas a se interessarem por sistemas de remuneração mais flexíveis e condicionados ao desempenho

---

(3) *Idem.*
(4) *Idem.*

individual; c) declínio do sindicalismo relacionado à migração dos postos de trabalho das empresas e categorias de alta representatividade sindical para novas empresas e categorias, normalmente sem história de representatividade sindical, em virtude da expansão do *outsourcing*.

Todos esses aspectos de um mundo mais moderno e globalizado demonstram argumentos favoráveis à criação de representantes eleitos pelos trabalhadores para negociar diretamente com o empregador, tal como demonstra Arion Sayão Romita (2005, p. 202-203):

> Os efeitos da globalização da economia irradiam-se também sobre o movimento sindical, restringindo e reduzindo o poder que o sindicalismo combativo tradicionalmente exerce no mundo das relações de trabalho.
>
> As transformações ocorridas no mundo capitalista determinam a necessidade de mudanças no movimento sindical. Essas transformações afetam a organização do trabalho, obrigando o sindicato a adaptar-se a novas realidades; por outro lado, elas geram novas estruturas produtivas, que alteram a individualidade dos prestadores de serviços, irradiando efeitos sobre a representatividade dos órgãos de classe.
>
> [...]
>
> Os novos tempos solapam o poder negocial dos sindicatos (*bargaining power*), que simultaneamente veem decrescer assustadoramente o número de filiados.
>
> [...] Os próprios métodos de negociação coletiva, entre um sindicato de trabalhadores a representar o conjunto da profissão e as organizações patronais que falam em nome de um ramo de produção, perdem o sentido e abrem espaço a negociações de nível inferior, assumindo a feição de negociação por empresa. Nesse nível, o sindicato não reúne as mesmas qualificações como interlocutor, podendo ser substituído (em certos casos, até com vantagem para os beneficiários diretos) por unidades de negociação de outra natureza, com as comissões de fábrica (ou conselhos de estabelecimento, comitês de empresa).
>
> [...] Agora, a fragmentação resultante da introdução de relações de trabalho atípicas e precárias, que cria uma diversidade de ocupações até então desconhecida, debilita o poder do sindicato. A antiga "comunhão de interesses" desaparece diante da atomização das atividades produzidas pelo teletrabalho, por novas formas de trabalho em domicílio, pelo trabalho informal.

Para o autor, o efeito desastroso da globalização da economia é o desemprego (ROMITA, 2005. p. 202-203). Essa desestruturação afetou os sindicatos que não estavam preparados para enfrentar os efeitos advindos da globalização, assumindo uma posição defensiva na busca de exercer controle sobre a produção e colimando a preservação dos empregos dos ameaçados de dispensa por meio do retreinamento profissional.

O surgimento dos movimentos sindicais está diretamente relacionado à industrialização e ao capitalismo, havendo que se fazer a distinção entre o movimento sindical na Europa e aquele no Brasil, como demonstra José Eduardo Faria (2003 –informação pessoal[5]):

> Quando nós olhamos o Direito do Trabalho do ponto de vista europeu, nós vamos perceber que ele é fruto de um processo classista, de uma confrontação classista, quer dizer, ele é fruto, de alguma maneira, de uma tensão entre reforma e revolução, ele é fruto de uma tensão entre patronato e operariado, ele é fruto de um processo por meio do qual determinadas conquistas trabalhistas como liberdade de associação sindical e direito de greve são em determinado momento vitórias de movimentos proletários que acabam substituindo a chave do entendimento do Direito, deslocando certos comportamentos considerados ilícitos do ponto de vista penal para certos comportamentos considerados subjetivos, direitos constitucionais subjetivos do ponto de vista do trabalho. Em outras palavras, o que eu quero dizer é que, no século XIX, nós tínhamos basicamente o que nós consideramos hoje direitos subjetivos como liberdade de associação sindical e direito de greve — o que nós tínhamos era na realidade uma figura jurídica basicamente de ilícito penal. E o que vamos ter no Brasil é uma tentativa de se evitar esse tipo de confronto, uma tentativa, vamos dizer, de se neutralizar o processo de confrontação classista, dentro de uma estratégia bastante clara do getulismo, de que, se o Brasil vai se industrializar, inexoravelmente ele terá conflito de classe.

Diferente do ocorrido na Europa, cuja ideia de representação nas empresas antecede ao período de desenvolvimento da sociedade empresarial (NASCIMENTO, 2013. p. 1.380), constata-se que no Brasil a defesa da utilização do comitê de representantes na empresa é reforçada depois de uma crise sindical que foi afetada pelo governo de Getúlio Vargas, tendo enfrentado, ainda, um período de silêncio imposto pela ditadura militar. Essa crise de representatividade sindical, em determinadas categorias, parece arrastar-se até os dias atuais.

Antes do período getulista, há que ser lembrado, porém, o início do século XX. A ideia do conselho de representantes de empresas tem seus primeiros contornos desenhados no Primeiro Congresso Operário, realizado em abril de 1906, no município do Rio de Janeiro, o qual contou com a participação de trabalhadores estrangeiros que chegaram ao Brasil trazendo consigo a experiência vivida na Europa. No referido congresso, os trabalhadores refutaram o assistencialismo, dando a essas representações uma conotação de resistência ao Estado e aos donos do capital, conforme afirma José Carlos Arouca (2013, p. 11).

No congresso, os chamados anarcossindicalistas defendiam a necessidade das lutas dentro de empresas, de modo que os trabalhadores deveriam se organizar por

---

(5) *Idem.*

indústria, formando conselhos de representantes que seriam, então, o elo de ligação entre as empresas e os sindicatos. Os primeiros conselhos que se consolidam são os dos gráficos, chapeleiros, operários da construção civil, incentivando outras categorias, em um momento posterior.

Muito embora o Brasil não estivesse em plena industrialização, os imigrantes europeus — que chegaram ao país com a experiência sindical vivida em seus países — influenciaram os trabalhadores brasileiros. Em razão dessa influência estrangeira, houve uma perseguição do governo, que os expulsou por meio da Lei Adolfo Gordo, Decreto n. 1.641, de 7 de janeiro de 1907 (BRASIL, 1907), que em seu art. 1º previa: "O estrangeiro que, por qualquer motivo, compromettter a segurança nacional ou a tranquillidade publica, póde ser expulso de parte ou de todo o territorio nacional".

A concepção de representação interna nos locais de trabalho é uma ideia debatida, como visto acima, no Primeiro Congresso Operário Brasileiro de 1906, e que contou com a participação de imigrantes estrangeiros experientes da luta de classe europeia. A vinda de imigrantes estrangeiros influenciou o movimento de trabalhadores, acarretando a referida Lei Adolfo Gordo, que perseguia estrangeiros. No ano de 1907, foram expulsos do Brasil 132 estrangeiros, número expressivo se comparado aos 556 imigrantes expulsos em todo o período que vai de 1908 a 1921, conforme aponta o historiador Claudio Batalha (2000, p. 43).

A maioria da doutrina ignora esse fato histórico que antecede os anos de 1930 e seguintes, relatando que essa concepção de luta de classes foi se perdendo ao longo da história, especialmente com a crise do sindicalismo brasileiro no período getulista.

Não há como se negar, porém, que foi no período getulista que a intervenção nos sindicatos deu-se de forma direta e explícita, mitigando o conceito de luta de classes. Nas palavras de Getúlio Vargas, em junho de 1931, pode-se aferir seu entendimento na relação entre capital e trabalho — "Já é hora de substituir o velho e negativo conceito de luta de classes pelo conceito novo, construtivo e orgânico de colaboração de classes" —, ao referir-se àquela que é considerada a terceira lei sindical, o Decreto n. 19.770, de 19 de março de 1931 (BRASIL, 1931) com o propósito de neutralizar o conflito de classe que viabilizasse o desenvolvimento capitalista dentro de uma estratégia autoritária (AROUCA, 2013. p. 14).

Posteriormente, surgiu o Decreto-lei n. 1.402, de 5 de julho de 1939 (BRASIL, 1939), considerada a quinta lei sindical, que substituiu profissão por categoria e passou a considerar o sindicato um órgão de colaboração, dependente de reconhecimento pelo Estado, submetido à tutela, agora repressiva, do Ministério do Trabalho. Complementando a quinta lei sindical, surgiram o Decreto n. 2.377, de 8 de julho de 1940 (BRASIL, 1940), instituindo o imposto sindical, e o Decreto-lei n. 2.381, de 9 de julho de 1940 (BRASIL, 1940), implantando o enquadramento, com a criação prévia das categorias, num sistema de paralelismo e correspondência (AROUCA, 2013. p. 15).

A unicidade sindical implantada pelo art. 9º do Decreto n. 19.770 de 19 de março de 1931 (BRASIL, 1931) é motivo de controvérsia, de modo que as legislações sindicais de 1940 e 1942 seriam tão somente reflexo da lei de 1931, que se pautou em um suposto modelo soviético. Fernando Alves de Oliveira (2009, p. 16-17), transcrevendo entrevista com Arnaldo Süssekind de 27 de junho de 2002, no Rio de Janeiro, demonstra essa controvérsia inserida, inclusive, na Consolidação das Leis do Trabalho (CLT):

> Ministro, é verdade o que muitos afirmam no sentido de que a comissão que elaborou a Consolidação das Leis do Trabalho inspirou-se na legislação italiana fascista?
>
> A CLT não tem origem na Carta del Lavoro, italiana, como alguns querem e teimam em afirmar. A Carta del Lavoro, de 1927, trata, primeiro, da organização sindical do Estado Corporativo.
>
> [...]
>
> Nesse sentido, se olharmos a legislação sindical de 1940 e 1942, veremos que alguns artigos correspondem ao Direito Sindical que está na Carta del Lavoro. Seu item 3 preceitua que a organização sindical profissional é livre, mas apenas os sindicatos legalmente reconhecidos pelo Estado têm direito de representação etc. Daí a afirmação de muitos no sentido de que a organização sindical brasileira copiou a Carta del Lavoro. Mas eu questiono: será que copiou essa Carta ou manteve a unicidade sindical, que vinha desde 1931, a qual teria sido, quem sabe, inspirada na União Soviética? Sim, porque a União Soviética instituiu a organização sindical em pirâmide, mas foi além, porquanto dirigida não por um Conselho Central, com membros designados pelo *Kominterm*.
>
> Ou seja, não vinha numa expressão mais democrática, de baixo para cima, mas ao contrário.
>
> Por qual motivo eu digo que teria sido da União Soviética a influência na elaboração do primeiro Decreto Legislativo, em 1931, ao tempo de *Lindolfo Collor*, com influência não fascista, mas comunista? Porque esse Decreto Legislativo foi elaborado por três juristas de grande valor e de filosofia confessadamente de esquerda: *Evaristo de Moraes*, pai, primeiro Consultor Jurídico do Ministério do Trabalho e fundador do Partido Socialista Brasileiro; *Joaquim Pimenta*, que inclusive foi meu professor, assessor de *Lindolfo Collor* (*Collor, o bom*), confessadamente comunista; e o terceiro membro da comissão, *Agripino Nazareth*, da Bahia, socialista confesso.

Ou seja, para Arnaldo Süssekind, a CLT não teria inspiração fascista. Ao contrário disso, pautou-se em um socialismo porquanto seria mera consolidação do Decreto n. 19.770 de 19 de março de 1931 (BRASIL, 1931), que foi redigido pelos socialistas Evaristo de Morais, Joaquim Pimenta e Lindolfo Collor. Em sentido contrário, afere-se que a comissão criada por Getúlio Vargas para a elaboração de uma legislação trabalhista estava liberada para modificações, exclusões e acréscimos, tal como leciona José Carlos Arouca (2014, p. 136-137), para quem:

A legislação trabalhista fora de qualquer dúvida ampliou-se na Era Vargas, representada por leis, decretos, decretos-leis e portarias. O Ministro do Trabalho, Alexandre Marcondes Filho, pensou unificá-la convocando para a missão Segadas Vianna, Dorval de Lacerda e Arnaldo Lopes Süssekind. Ao invés de um Código de Trabalho, optou-se por consolidar o que já existia, mas liberados para modificações, exclusões e acréscimos. Costurada, a Consolidação foi aprovada em 1943, com incorporação da lei copiada servilmente da Carta del Lavoro de Mussolini. Os servidores públicos, trabalhadores rurais e empregadores domésticos continuaram de fora.

No período de ditadura militar, os sindicatos eram vistos tão somente como uma associação prestadora de serviços, sendo proibida a greve, com a intervenção em 1.565 entidades sindicais, como demonstra Maria Helena Morais Alves (1984, p. 244). Estava criado o sindicalismo assistencialista que permeia o surgimento das comissões de fábrica, com a descentralização das negociações coletivas. À propósito, o art. 158, V, da Constituição Federal de 1967 (BRASIL, 1967), em pleno período de ditadura militar, permitia a "integração do trabalhador na vida e no desenvolvimento da empresa, com a participação nos lucros e, excepcionalmente, na gestão, nos casos e condições que forem estabelecidos". Porém, em se tratando do período histórico que o país vivia, o referido artigo tornou-se letra morta e não teve aplicação.

Nos períodos de ditadura militar até os finais da década de 1970, como demonstra Antônio Rodrigues de Freitas Júnior (1989, p. 105), houve apenas uma única manifestação destoante dos padrões oficiais, em que pese a eventual anuência do ministério Jarbas Passarinho, que foi o Movimento Intersindical contra o Achatamento Salarial (MIA), criado em 1967 para fazer frente à política de contenção do processo inflacionário por meio do controle dos salários preconizado pelo governo.

Foi um período de omissão. Os trabalhadores organizavam-se paralelamente e formavam ligas na tentativa de fugir da proposta militarista de combinar desenvolvimento econômico planificado com representação sindical de tipo corporativo como um elemento de integração social, surgida no período do governo de Juscelino Kubitscheck — mantendo-se o princípio da unicidade sindical e a obrigatoriedade do imposto sindical — e mantida pelos governos militares (FREITAS JÚNIOR, 1989. p. 103).

No final do período ditatorial verificam-se agitações trabalhistas no interior das fábricas. A experiência de negociação por meio de comitê de empresas no Brasil foi marcada por sérias agitações na região conhecida como ABC Paulista, conforme leciona Amauri Mascaro Nascimento (2009, p. 144):

> Há enormes resistências em nosso país às Comissões Internas de Trabalhadores nas empresas e as causas podem estar relacionadas com uma experiência na indústria de automóvel no ABC e os conflitos violentos que ocorreram insuflados pela Comissão, o que deixou uma imagem negativa no empresariado.

É em razão dessas interferências estatais nos sindicatos que se verifica a crise do sindicalismo implantada pelo Estado, mantendo lideranças dóceis ao governo com uma fonte de custeio compulsória.

Trazendo-se para os dias atuais, verifica-se, em muitos casos, que a crise do sindicalismo está atrelada a uma intenção dos próprios representantes sindicais, cujos interesses se voltam para a fonte de custeio em uma "retroalimentação", ensejando a retomada da organização de trabalhadores nas empresas. Nas palavras de Fernando Hugo R. Miranda (2012, p. 1.499): "O encolhimento da representatividade, seja dos sindicatos profissionais, seja das associações de empregadores, resultado do declínio da taxa de sindicalização, é um bom ponto de partida".

Nas palavras de Antônio Rodrigues de Freitas Júnior (2001, p. 51-52), constata-se no sistema sindical vigente uma "debilidade organizativa", conforme demonstra em análise detida sobre a falta de ratificação pelo governo brasileiro da Convenção n. 87 denominada "Convenção sobre a Liberdade Sindical e à Proteção do Direito Sindical", adotada pela Organização Internacional do Trabalho (OIT, 1948):

> Não pretendo com isso negar nem reduzir os diversos sinais, já constatáveis, de que o sistema sindical brasileiro apresenta um quadro de grave crise. Assim se constata não apenas por sua debilidade organizativa como, em especial, pelas crescentes objeções e críticas que seus protagonistas vêm sendo levados a assimilar. Desejo apenas pôr em evidência que a superação de um quadro sistêmico revestido por tal capacidade de retroalimentação importa, para muito além da simples aceitação doutrinária dos especialistas, a formação de um amplo consenso político que não considero previsível para um breve horizonte, tendo em vista da natureza "autopoética", e não meramente inercial, dos fatores que explicam a sobrevivência do corporativismo sindical ao longo dessas décadas.
>
> [...] Ao contrário do que sustentam muitos observadores e estudiosos do sindicalismo e das vantagens e desvantagens da ratificação da Convenção n. 87 da OIT, as hipóteses e reflexões aqui apresentadas convergem com a minha suspeita, já de uma década, de que a sobrevivência do sistema sindical brasileiro deriva não apenas da ausência de um compromisso dos atores sociais diretamente envolvidos, em torno de um agir no sentido de sua mudança, como também da existência de um encadeamento sistêmico entre os vários fatores componentes do sistema de relações de trabalho, forte o bastante para produzir efeitos retroalimentadores de crescente complexidade e sofisticação.

O "encadeamento sistêmico" voltado para a preservação do sistema sindical a que o autor faz alusão refere-se

> 1) ao sistema de contribuições parafiscais destinado ao custeio de organismos oficiais; [...] 3) à preservação do sindicato oficial como o titular do monopólio jurídico de representar, judicial e extrajudicialmente, os interesses de

trabalhadores e empregadores, independentemente de qualquer vínculo associativo espontâneo (nesses incluindo-se os de contrair deveres e obrigações em favor de todos os integrantes das assim chamadas "categorias", quer por meio de convenções coletivas, quer por intermédio da promoção dos dissídios coletivos, seja de natureza jurídica, seja mesmo ainda de natureza econômica) (FREITAS JÚNIOR, 2001. p. 50).

Davi Furtado Meirelles (2008, p. 133), fazendo referência ao doutrinador José Eymar Loguércio (2000[6], p. 69 apud MEIRELLES, 2008. p. 133), para quem a consolidação das formas de organizações internas de empresa ocorreu em 1919, corrobora o raciocínio acima, de que as representações em empresas consolidam-se verdadeiramente depois da crise do sindicalismo, apontando para o nascimento das comissões de fábrica no final do período militar, conquanto tenham um contorno em período anterior. Nas palavras do autor:

> Apesar de *José Eymar Loguércio* apontar "a existência de formas organizativas, no interior das fábricas, desde 1919", não há como negar (nem ele nega) que o marco divisório do "novo sindicalismo", que representou o nascimento das verdadeiras "comissões de fábrica", no Brasil, se deu com as greves iniciadas em 1978, primeiramente na fábrica da Scania e, em seguida, na Ford, ambas em São Bernardo do Campo, que alçou ao reconhecimento nacional a liderança sindical mais expressiva que o país já conheceu, o atual Presidente da República, Luiz Inácio Lula da Silva, à época trabalhador da Villares. (MEIRELLES, 2008. p. 133)

À medida que se abria o campo para a instalação da liberdade sindical no ordenamento jurídico brasileiro, a representação de trabalhadores nas empresas também passava a obter espaço político.

Em junho de 1992, o então presidente Fernando Collor de Mello, acolhendo a proposta do ministro Antônio Rogério Magri, que era do Sindicato dos Eletricitários de São Paulo, instituiu a Comissão de Modernização da Legislação do Trabalho, constituída fora das dependências do Ministério do Trabalho, logo alcançando autonomia e voz própria. A comissão foi presidida pelo jurista João de Lima Teixeira Filho e integrada pelo ministro do Tribunal Superior do Trabalho (TST), Almir Pazzianotto, além dos professores Amauri Mascaro Nascimento, Arion Sayão Romita, Arnaldo Lopes Süssekind — que dela logo se afastou — e Cássio Mesquita Barros.

De acordo com Arouca (2003, p. 271-273), essa comissão foi responsável pela elaboração e apresentação do Anteprojeto das Relações Coletivas de Trabalho, publicado no Diário Oficial da União na edição de 20 de janeiro de 1993 (BRASIL, 1993), abrangendo as relações individuais e coletivas de trabalho. No tocante à representação de trabalhadores na empresa, o anteprojeto tinha como objetivo: a) estimular a solução

---

(6) LOGUÉRCIO, José Eymar. *Pluralidade sindical:* da legalidade à legitimidade no sistema sindical brasileiro. São Paulo: LTr, 2000.

negociada dos conflitos individuais e coletivos; b) contribuir para o aperfeiçoamento e execução das iniciativas da administração dos recursos humanos; c) acompanhar a implementação dos projetos de modernização e automatização, de modo a proteger a manutenção dos postos de trabalho; d) apurar denúncias envolvendo práticas discriminatórias; e) zelar pelo meio ambiente; f) prestar assistência nas rescisões contratuais, legitimando os acordos e transações; g) estimular a integração dos trabalhadores no âmbito de empresas:

TÍTULO III
DA REPRESENTAÇÃO DOS TRABALHADORES NAS EMPRESAS

Art. 39. Respeitado o disposto no art. 11 da Constituição, o representante do trabalhador e o empregador, de comum acordo, deliberarão sobre a proporcionalidade da representação.

Art. 40. Compete à representação dos trabalhadores na empresa:

I – estimular a solução negociada dos conflitos individuais e coletivos;

II – tomar ciência das iniciativas do setor de administração dos recursos humanos, contribuindo para o seu aperfeiçoamento e execução;

III – acompanhar a implementação dos projetos de modernização e automação, procurando evitar que se tornem fator de desemprego;

IV – apurar eventuais denúncias de práticas discriminatórias;

V – contribuir para a adoção de medidas de proteção do meio ambiente;

VI – assistir o empregado nas rescisões contratuais ocorridas no âmbito da empresa, valendo o que for pactuado como acordo ou transação para todos os efeitos legais;

VII – estimular todas as ações que visem à integração dos trabalhadores na empresa.

§ 1º Os representantes dos trabalhadores:

a) terão consideradas como de serviço efetivo, sem prejuízo do salário e outras vantagens, as horas necessárias ao efetivo exercício da representação;

b) poderão afastar-se do serviço para participar de reunião, curso de formação ou seminário, cabendo à empresa o pagamento do salário quando o evento for de sua iniciativa;

c) terão acesso aos locais de trabalho na empresa, quando necessário ao cumprimento de suas funções de representação, desde que não interfiram na atividade normal da empresa;

d) receberão, da empresa, as facilidades apropriadas para o eficaz cumprimento das suas atribuições.

§ 2º É vedada a dispensa arbitrária ou sem justa causa do candidato a representante, como titular ou suplente, desde a comunicação da candidatura e, se eleito, até um ano após o término do mandato, que, salvo estipulação em contrário, será de dois anos.

§ 3º A sentença que concluir pela improcedência do inquérito determinará a reintegração do empregado, com o pagamento dos salários e demais vantagens correspondentes ao período de suspensão e o restabelecimento de todos os direitos e vantagens anteriores a esta.

Art. 41. É vedado ao empregador criar ou, por qualquer meio, incentivar, promover ou manter conselho, comissão ou órgão equivalente, ou objeto de, sob seu controle, assumir as atribuições dos representantes de trabalhadores.

Art. 42. É vedado ao empregador, em relação ao representante, titular ou suplente, impedir ou dificultar o exercício de suas funções e atribuições ou prejudicá-lo por qualquer meio, em razão de sua representação. (AROUCA, 2003. p. 279)

Mesmo após o *impeachment* do presidente Fernando Collor de Mello, a comissão apresentou o anteprojeto ao então ministro Walter Barelli, que o publicou no Diário Oficial da União, edição de 20 de janeiro de 1993, para manifestação dos interessados para, posteriormente, determinar o arquivamento, o qual implicou a exoneração dos membros da referida Comissão de Modernização das Legislações do Trabalho. O anteprojeto ia ao encontro das normas internacionais, especialmente a Convenção n. 135 (OIT, 1971) e a Recomendação n. 143 (OIT, 1975), mas foi esquecido.

Em setembro de 1995, por meio do Decreto n. 1.617 (BRASIL, 1995), o presidente Fernando Henrique Cardoso criou o Conselho Nacional do Trabalho, que formulou propostas diversas, dentre outras, acerca da representação dos trabalhadores no local de trabalho, abordando as normas da OIT acima mencionadas.

Duas propostas foram apresentadas pelo conselho. A primeira delas estava vinculada à reforma da legislação ordinária, prevendo o número de representantes na empresa, atribuições, reuniões quadrimestrais com a direção da empresa, forma de encaminhamento dos problemas ao superior mediato, processo eleitoral (eleitores, elegibilidade, comissão eleitoral, procedimentos eleitorais, apresentação dos candidatos, campanha eleitoral, votações, eleições, apuração, recursos, posse dos eleitos), proclamação dos eleitos pelo Ministério do Trabalho, entre outros. Essa proposta assegurava, ainda, a representação geral dos trabalhadores de maneira independente e não concorrente com a representação sindical, determinando que a legislação ordinária defina o número de representantes, funções, competência, responsabilidades e garantias, e regule a figura do delegado de pessoal nas empresas com até 10 (dez) empregados. Já a segunda proposta do conselho constituía-se na supressão do art. 11 da Constituição Federal (BRASIL, 1988).

Porém, nada mais se soube do projeto depois do embate com a Proposta de Emenda Constitucional n. 623 de 1998 (BRASIL, 1998), cujo objetivo era implantar a liberdade sindical no país, a fim de flexibilizar os direitos trabalhistas. A referida proposta surgiu em um contexto no qual o Brasil sofria com a crise financeira, tornando o câmbio variável, o que permitiu a desvalorização da moeda brasileira frente ao dólar. Houve uma elevação acentuada no nível de desemprego, levando o governo a editar a Lei n. 9.601 de 1998 (BRASIL, 1998), destinada à admissão de trabalhadores que representasse um acréscimo no número de empregados. A proposta da emenda constitucional não foi aprovada pelo Congresso, depois da pressão feita por sindicalistas contrários à liberdade sindical.

Não que seja uma forma de representação interna de trabalhadores, por contar com a participação de um representante do empregador, mas há que ser mencionada a criação da Comissão de Conciliação Prévia quando, em 12 de janeiro de 2000, o Governo promulgou a Lei n. 9.958 (BRASIL, 2000), a qual acrescentou o art. 625-D à CLT, obrigando o trabalhador a primeiro procurar a conciliação, no caso de a demanda trabalhista ocorrer em local que conte com uma comissão de conciliação, seja na empresa ou no sindicato da categoria.

A importância que se faz para a rápida menção da Comissão de Conciliação Prévia neste trabalho é tentar aproveitar o fato de que em 2002, o Ministério do Trabalho e Emprego editou a Portaria n. 329, de 14 de agosto de 2002 (BRASIL, 2002), que regula o procedimento para a instalação e funcionamento das comissões de conciliação prévia e núcleos intersindicais de conciliação trabalhista. Em seu parágrafo único do art. 2º verifica-se uma participação da entidade sindical na escolha do representante de empregados da Comissão instituída no âmbito da empresa:

> A Comissão instituída no âmbito da empresa ou grupo de empresas destina-se a conciliar conflitos envolvendo os respectivos empregados e empregadores. Parágrafo único. A escolha de representantes dos empregados da Comissão instituída no âmbito da empresa será por meio de eleição, fiscalizada pelo sindicato da categoria profissional. (BRASIL, 2002)

Ocorre, porém, que o referido artigo é específico para a escolha de representante das Comissões de Conciliação Prévia que não se confunde com o Comitê de Representantes de Trabalhadores da Empresa cujo mister é distinto daquele, como será demonstrado ao longo do trabalho. O próprio *caput* do art. 2º da referida Portaria prevê que a CCP poderá ser "instituída no âmbito da empresa ou grupo de empresas" e terá por objetivo "conciliar conflitos envolvendo os respectivos empregados e empregadores". A função do Comitê de Representantes de Trabalhadores é mais ampla do que tão somente dirimir os conflitos já existentes, como será demonstrado. Eis aqui a principal distinção que se verifica.

Não obstante, em 4 de fevereiro de 2000, foram apresentadas as Ações Diretas de Inconstitucionalidade (ADI) de n. 2.139 e 2.160 (esta apensada àquela), ajuizadas por quatro partidos políticos e pela Confederação Nacional dos Trabalhadores do Comércio (CNTC) sobre o art. 625-D da CLT. Nessas ações o Supremo Tribunal Federal (STF) foi instado a se manifestar sobre a constitucionalidade da submissão do conflito à comissão de conciliação prévia.

No julgamento, sete ministros deferiram o pedido de liminar feito nas ações para dar ao art. 625-D da CLT interpretação conforme à Constituição Federal. Pela decisão, o STF entendeu que o empregado pode escolher entre a conciliação e ingressar com reclamação trabalhista diretamente no Poder Judiciário. O entendimento foi sacramentado com os votos dos ministros Joaquim Barbosa e Carlos Ayres Britto. Segundo Barbosa, manter a regra do 625-D da CLT sem interpretação conforme à Constituição representaria uma "séria restrição do direito de acesso à Justiça para os trabalhadores". Para Ayres Britto, a solução dada pelo Plenário "estimula a conciliação e mantém uma tradição da Justiça Trabalhista de tentar a conciliação, sem sacrificar o direito universal de acesso à jurisdição [pelos cidadãos]" (TRABALHADOR, 2009).

Já o ministro Cezar Peluso disse que a decisão do STF está na "contramão na história". Segundo ele, o dispositivo da CLT não representa bloqueio, impedimento ou exclusão do recurso à universalidade da jurisdição:

> Eu acho que, com o devido respeito, a postura da Corte, restringindo a possibilidade da tentativa obrigatória de conciliação, está na contramão da história, porque em vários outros países hoje há obrigatoriedade do

recurso às chamadas vias alternativas de resolução de conflitos, até porque o Poder Judiciário não tem dado conta suficiente da carga de processos. (TRABALHADOR, 2009)

Para Cezar Peluso, a regra da CLT representa "simplesmente uma tentativa preliminar de conciliar e de resolver pacificamente o conflito, com a vantagem de uma solução não ser imposta autoritariamente". "As soluções consensuais são, em todas as medidas, as melhores do ponto de vista social", concluiu (TRABALHADOR, 2009). As ADIs estão na conclusão com a ministra Relatora Cármen Lúcia com o Parecer n. 4.549 da Procuradoria Geral da República opinando pela procedência dos pedidos desde 26 de maio de 2011.

Alvitra-se, porém, que a Comissão de Conciliação Prévia não é propriamente um órgão de representação de trabalhadores em razão de sua composição ser paritária, tratando-se de uma via preliminar antes de adentrar-se à esfera judicial.

De igual maneira, não se considerando como propriamente uma forma de Comitê de Representantes de Trabalhadores, a Lei n. 6.514/77 (BRASIL, 1977) alterou a Consolidação das Leis do Trabalho para instituir a Comissão Interna de Prevenção de Acidentes (CIPA) que "tem como objetivo a prevenção de acidentes e doenças decorrentes do trabalho, de modo a tornar compatível permanentemente o trabalho com a preservação da vida e a promoção da saúde do trabalhador", conforme a Portaria GM n. 3.214/78 do Ministério do Trabalho e Emprego que instituiu a Norma Regulamentadora n. 05 (BRASIL, 1978). A função da CIPA é específica para questões de acidentes do trabalho e, assim como ocorre com a Comissão de Conciliação Prévia, contará com a participação de um representante do empregador. Logo, a CIPA não é uma forma de Representação Interna de Trabalhadores abordada neste trabalho.

Outra questão que importa breves considerações é o fato de que no ano de 2012 o Sindicato dos Metalúrgicos do ABC enviou à Câmara dos Deputados uma proposta de Anteprojeto de Lei que versa sobre o Acordo Coletivo de Trabalho com Propósito Específico, em uma tentativa de regulamentação da criação de Comitês Sindicais de Empresas que serão compostos por trabalhadores sindicalizados. No referido anteprojeto consta a exigência de sindicalização mínima de trabalhadores da empresa. A esse respeito, conforme leciona Amauri Mascaro Nascimento (2009, p. 204), tem-se que em 1947, nos Estados Unidos da América, passou a vigorar a lei *Taft-Hartley* que considera como ilegal, dentre outras cláusulas[7], a preferência de admissão para filiados ao sindicato (*preferencial shop*), bem como a exigência para que, depois de determinado prazo da admissão, o empregado se comprometa a sindicalizar-se (*union shop*). Trata-se de

---

(7) Destaca-nos o doutrinador que são cláusulas ilegais, com as referidas *preferencial shop* e *union shop*, as cláusulas *open shop* (da empresa aberta a não filiados do sindicato); *yellow dog contract* (um compromisso de não filiação sindical que o empregado assume para ser admitido pelo empregador); *company unions* (compromisso de criação de sindicatos-fantasmas); e *label* (marca do sindicato nos produtos do empregador para que todos saibam que há sindicalização na empresa).

uma iniciativa salutar, mas que depende de ajustes a fim de não impor uma obrigatoriedade de sindicalização, além de se levar em consideração as críticas razoáveis feitas pela doutrina que consideram o projeto como um retrocesso[8].

Como se verifica, até o momento não houve regulamentação do comitê de representantes de empresa no Brasil, conquanto se entenda que ele é de eficácia plena, como será adiante explanado.

Para a categoria econômica, a criação do comitê de representantes de empresas seria importante para o diálogo entre a classe econômica e profissional, tratando-se de um modelo ideal que permitiria aos trabalhadores a melhor defesa de seus próprios interesses.

Em análise detida da lei de participação nos lucros e resultados, a qual prevê a existência da comissão de representação de trabalhadores, leciona Paulo Sérgio João (s.d.):

> Inegável que o modelo ideal é o da negociação com comissão de trabalhadores, pois sempre estão mais próximos das dificuldades de metas e podem colaborar nos critérios de avaliação de desempenho.

No mesmo sentido leciona Renato Rua de Almeida (1998, p. 37-41), para quem "a representação eleita dos empregados na empresa torna-se o meio adequado para sua efetiva participação, tornando a empresa mais institucional e comunitária, além de desenvolver sobremaneira a solidariedade entre os trabalhadores".

A crise da representatividade sindical apontada acima torna-se fator preponderante a requerer a negociação com o comitê de representantes.

Sobre a aferição de representatividade sindical, sustenta Carlos Eduardo Oliveira Dias (2014, p. 409) que compete ao Judiciário analisar esses critérios representativos diante da ausência de lei que defina:

> [...] muito embora a determinação de representatividade deva, a rigor, derivar de comando legal que preveja explícita e objetivamente seus critérios, a ausência normativa não suprime a possibilidade de ser utilizada na solução judicial dos conflitos de representação, como fizeram, analogamente, as cortes judiciais dos países citados, em períodos nos quais o assunto não tinha disciplina própria. O que se processou, no caso, foi exatamente o uso da função judicial como elemento fomentador do exercício de liberdade sindical, a fim de não inviabilizá-la, como acabou por promover a jurisprudência conservadora brasileira.

Prossegue o autor afirmando que, no plano instrumental, não haveria meios de definição dos sindicatos majoritariamente representativos (DIAS, 2014). Essa ausência de aferição de representatividade, aliada à crise do sistema sindical, fomenta a participação de trabalhadores interessados em negociar diretamente com seus empregadores.

---

(8) SCHWARTZ, Rodrigo Garcia. *Acordo coletivo com propósito específico é retrocesso*. Disponível em: <http://www.conjur.com.br/2012-ago-17/rodrigo-schwarz-acordo-coletivo-proposito-especifico-retrocesso> Acesso em: 30 abr. 2015.

O ativismo judicial a que se reporta Dias (2014) constata-se na atuação do TST, que vem entendendo pela recepção do art. 617 da CLT pela Constituição Federal, sendo necessário verificar se a entidade sindical desincumbiu-se do encargo recebido de negociar coletivamente, como será demonstrado mais adiante em tópico sobre o assunto.

A doutrina e a história demonstram que cada vez mais a ausência de representatividade sindical induz ao reconhecimento judicial e doutrinário da legitimidade de associações e representantes de trabalhadores para negociar diretamente com o empregador, atuando na defesa dos interesses que convirjam em favor daqueles trabalhadores dentro da empresa.

3. Negociação Coletiva Descentralizada

Quando se afirma que uma negociação será coletiva, entende-se que esta ocorrerá dentro do direito coletivo que é uma vertente dos direitos metaindividuais, subdividindo-se em difuso, coletivo e individual homogêneo. Para se considerar como coletivo há que ser perquirido o titular de determinado direito que se pretende tutelar.

Não há um Código de Direito Coletivo do Trabalho que permitiria uma conceituação de direito coletivo sem a utilização de definições previstas em leis que não versam especificamente sobre a seara trabalhista. Nesse aspecto, leciona Fredie Didier Júnior e Hermes Zaneti Júnior (2009, p. 48) que o Código de Defesa do Consumidor atua como "Código Brasileiro de Processos Coletivos":

> [...] cria-se a novidade de um *microssistema processual para as ações coletivas*. No que for compatível, seja a ação popular, a ação civil pública, a ação de improbidade administrativa e mesmo o mandado de segurança coletivo, aplica-se o Título III do CDC. Dessa ordem de observações fica fácil determinar, pelo menos para as finalidades práticas que se impõem, que o diploma em enfoque se tornou um verdadeiro "Código Brasileiro de Processos Coletivos" um "ordenamento processual geral" para a tutela coletiva.
>
> Cabe lembrar que o art. 1º do CDC define como *norma de ordem pública e interesse social*, reforçando a sua eficácia sobre as demais normas integradoras do sistema e seu caráter inovador...

Dentre diversos projetos de Código de Processos Coletivos, ainda mostra-nos Fredie Didier Júnior e Hermes Zaneti Júnior (2009, p. 62-63) que houve uma tentativa de criação de um Anteprojeto do Código Brasileiro de Processos Coletivos ocorrido no ano de 2003 na Universidade de São Paulo, USP, sob a coordenação de Ada Pellegrini Grinover e Kazuo Watanabe. Em apertada síntese, a razão para a sua criação seria a tentativa de unificação de diversas leis que regulam as ações coletivas previstas em legislações esparsas e às vezes colidentes, a multiplicidade de decisões judiciais em caráter liminar em sentidos opostos, podendo conflitar-se pela utilização de dispositivos distintos, bem como a pretensão para se definir, em seara trabalhista, o alcance dos efeitos da decisão.

Adotando-se, pois, o Código de Defesa do Consumidor como um Código Brasileiro de Processos Coletivos, tem que a definição de direito coletivo é aquela prevista no art. 81, II (BRASIL, 1990), considerando-se como tal: "os transindividuais, de natureza indivisível de que seja titular grupo, categoria ou classe de pessoas ligadas entre si ou com a parte contrária por uma relação jurídica base".

A negociação a ser realizada pelo Comitê de Trabalhadores com o empregador da empresa tem o caráter coletivo, aplicando-se para os empregados daquela determinada empresa. A titularidade do direito é, portanto, aquele grupo de pessoas da empresa que estão ligadas entre si pela relação jurídica base trabalhista adstrita ao âmbito empresarial.

Diz-se tratar-se de uma negociação coletiva, mas não da forma como ocorrem entre empregadores e entidades sindicais em que se verifica uma paridade plena de força econômica e política. Os representantes dos trabalhadores, mesmo gozando de adequada proteção abordada mais adiante, estão subordinados ao empregador e, eventualmente, poderão sofrer transtornos em relação aos seus contratos de trabalho. Não haveria, ao menos em tese, uma condição de igualdade plena para negociar. Em 2015, o STF entendeu que há uma igualdade de condições em negociações coletivas quando há a participação de entidade sindical representativa de empregados[9].

No entanto, mesmo em sede de representação interna de empregados, entende-se tratar-se de uma negociação coletiva, seja em razão das efetivas proteções que os representantes deverão gozar contra medidas de ingerências por parte do empregador que tutelarão os contratos de trabalho ou mesmo porque o Comitê instituído dentro da empresa conta com a garantia constitucional de existência e aprovação por parte dos trabalhadores que pretendem adquirir maior peso negocial frente ao empregador. Contando com essa aprovação interna dos trabalhadores com o Comitê, surge o poder de barganha dos empregados frente ao empregador e os meios de pressão a ele inerentes.

Para empresas de mais de duzentos empregados, o direito fundamental de representação interna é potestativo, não se inserindo no Poder Diretivo do empregador. A alínea "*b*" do art. 3º da Convenção Internacional n. 135 da OIT (GENEBRA, 1971) estabelece que os representantes eleitos serão livremente escolhidos pelos trabalhadores. Assim, independentemente da anuência do empregador, o direito de criação do Comitê é potestativo e depende da vontade exclusiva dos trabalhadores.

Evidentemente que a anuência do empregador para a criação do Comitê, destinada a manter uma negociação constante e permanente com a empresa, faz-se adequada para que ambos os lados enfrentem o problema, fazendo concessões mútuas e objetivando o melhor resultado. Caso o empregador não atribua legitimidade ao Comitê, haveria instrumentos de pressão a serem socorridos pelos próprios empregados. Não obstante, a idiossincrasia empresarial leva à conclusão de que não seriam raras as situações de demis-

---

(9) A igualdade de condições negocial é aferível, mormente, quando há a participação de entidade sindical. Nesse sentido, o Plenário do Supremo Tribunal Federal, conquanto não tenha versado propriamente sobre o Comitê de Representantes, decidiu em 30 de abril de 2015 a validade da cláusula que dá quitação ampla e irrestrita de todas as parcelas decorrentes do contrato de emprego nos Planos de Dispensa Incentivada (PDI) e voluntária (PDV) quando há a participação de entidade sindical. O fundamento é o fato de que no direito individual do trabalho, o trabalhador recebe a proteção do Estado porque empregado e empregador têm peso econômico e político diverso. Mas, no caso das negociações coletivas, os pesos e forças tendem a se igualar, pois o poder econômico do empregador é contrabalançado pelo poder social, político e de barganha dos sindicatos que representam os empregados. No caso em questão, tratou-se de participação de trabalhadores que aprovou o acordo coletivo por meio de assembleia geral convocada pelo sindicato. (STF RE n. 590415, Tribunal Pleno, Min. rel. Roberto Barroso, j. 30.4.2015) (in FEIJÓ, Carmem. *STF altera entendimento do TST sobre validade de cláusula de quitação em PDV*. Disponível em: <http://www.tst.jus.br/mais-lidas/-/asset_publisher/P4mL/content/stf-altera--entendimento-do-tst-sobre-validade-de-clausula-de-quitacao-em-pdv> Acesso em: 4 maio 2015).

são de empregados que pretendessem valer-se de seu direito potestativo para a criação do Comitê e, por corolário, tivessem seus contratos de trabalho rescindidos, fazendo necessário procurar o Judiciário para remediar a demissão.

Uma empresa democrática deve reconhecer e respeitar os direitos fundamentais dos trabalhadores, dentre outros o de criar uma representação interna para empresas com mais de duzentos empregados. E uma negociação descentralizada faz-se no âmbito empresarial, com a participação de trabalhadores que, para Süssekind (2001, p. 497-498) e tal como será pormenorizado em capítulo específico: "não implica, necessariamente, codecisão, podendo corresponder a diversos níveis de intensidade: desde o desempenho de funções meramente consultivas ou conciliadoras pelo representante do pessoal ou por comissões internas de consulta e colaboração até a participação nas decisões dos órgãos de administração superior da empresa".

Tratando-se, portanto, de negociação coletiva, há o debate pela forma dessa negociação que melhor atende ao critério da paz social: centralização ou descentralização. Esta nada mais é do que um "fenômeno relacionado com a alteração de seu campo de projeção de nível nacional ou setorial para o nível da empresa", como define Fernando Hugo Miranda (2012, p. 1.495), e é o objeto deste capítulo. A negociação centralizada, ao contrário disso, tem um caráter geral, realizada por uma única entidade, convergindo em um único ator social, em vez de ser pulverizada no âmbito de cada empresa.

Miranda (2012), citando trabalho realizado por P. Marginson[10] (2003, p. 164-165 apud MIRANDA, 2012. p. 1.495), professor da Universidade de Warwick, destaca os benefícios da negociação centralizada para os atores sociais:

> [...] os sindicatos profissionais seriam favoráveis por três principais benefícios: I) o estabelecimento de regras comuns à categoria por meio da elaboração de padrões e condições gerais; II) a criação de uma ampla regulação, que alcançaria pequenas empresas que normalmente estariam excluídas da cobertura do ajuste coletivo — aspecto que menor relevância para o Brasil, dado seu modelo de cobertura das negociações coletivas, vale destacar; e III) redução dos custos dos procedimentos de negociação coletiva. Empregadores também seriam beneficiados por pelo menos outros três aspectos: I) a homogeneidade das normas coletivas abrangendo todo o setor retiraria o custo dos salários e das condições do trabalho da competição entre as empresas; II) negociações centralizadas evitariam estratégias de leapfrogging[11]; e III) a restrição do espaço de negociação no âmbito da

---

(10) MARGINSON, P.; SISSON, K.; ARROWSMITH, J. Between decentralization and Europeanization: sectoral bargaining in four countries and two sector. *European Journal of Industrial Relations*, v. 9, 2003, apud MIRANDA, Fernando Hugo R. A descentralização da negociação coletiva — compreendendo o fenômeno por meio de uma análise comparada da experiência brasileira, francesa e alemã. *Revista LTr*, São Paulo, v. 76, n. 12, p. 1.495, dez. 2012

(11) O próprio Fernando Hugo Miranda (2012, p. 1.495) define que *leapfrogging strategies* significa, literalmente, estratégias de "salto de sapo", explicando-nos que: "é o nome dado a estratégias adotadas por sindicatos de trabalhadores de reivindicações comparativas com outros sindicatos ou categorias. Assim, uma reivindicação seria fundada no argumento de que uma outra categoria a teria conquistado. No Brasil, tal estratégia é muito

empresa favorece a neutralização das atividades de sindicatos no local de trabalho. Por fim, a moldura institucional oferecida pela centralização das negociações coletivas favoreceria a paz social — redução dos conflitos entre capital e trabalho — na medida em que ela facilita a resolução de conflitos, algo de interesse dos governos.

Os defensores da centralização sustentam, portanto, que o método de negociação em um único órgão converge em uma paz social maior, facilitando a resolução dos conflitos existentes que, portanto, é de interesse do próprio governo, além do empresariado.

Argumento contrário ao instituto da centralização se justificaria na hipótese em que essa forma de negociação não se mostra mais adequada para a defesa dos direitos fundamentais dos trabalhadores. Ou seja, é possível que as negociações com entidades sindicais deixem de produzir os efeitos esperados aos trabalhadores, de modo que a negociação realizada diretamente entre empresa e seus empregados seria mais eficaz e mais adequada para fixar condições de trabalho que atendam melhor ao interesse das partes envolvidas em busca da paz social.

O rol exemplificativo constante no preâmbulo da Constituição da OIT[12] (OIT, 1946) indica os critérios que acarretam na aferição de paz e justiça social que devem estar assentadas na justiça social[13]. A análise da melhor forma de negociação (descentralizada ou centralizada) deverá observar a melhor representação na casuística. Diante de uma representação centralizada, mas de pouca ou nenhuma representatividade, a negociação descentralizada se mostrará mais compatível com a paz social.

Exemplo de quando a negociação centralizada não mostrou o resultado aguardado para a melhoria das condições sociais, com a privação da vontade das entidades sindicais, é o sindicalismo corporativista do período varguista no Brasil.

Mostra-nos Arouca (2013, p. 13-14) que:

> O modelo corporativo prendia-se à intervenção do Estado no domínio econômico e o sindicato assumia papel de ator coadjuvante para que a economia da população fosse organizada em corporações, e estas, como entidades

---

utilizada por sindicatos de servidores públicos. O termo se refere a uma corrida de sapos, em que estes, entre saltos, ficam em constante revezamento na liderança".

(12) Preâmbulo da Constituição da OIT (Declaração de Filadélfia) (OIT, 1946): "Considerando que existem condições de trabalho que implicam, para grande número de indivíduos, miséria e privações, e que o descontentamento que daí decorre põe em perigo a paz e a harmonia universais, e considerando que é urgente melhorar essas condições no que se refere, por exemplo, à regulamentação das horas de trabalho, à fixação de uma duração máxima do dia e da semana de trabalho, ao recrutamento da mão de obra, à luta contra o desemprego, à garantia de um salário que assegure condições de existência convenientes, à proteção dos trabalhadores contra as moléstias graves ou profissionais e os acidentes do trabalho, à proteção das crianças, dos adolescentes e das mulheres, às pensões de velhice e de invalidez, à defesa dos interesses dos trabalhadores empregados no estrangeiro, à afirmação do princípio 'para igual trabalho, mesmo salário', à afirmação do princípio da liberdade sindical, à organização do ensino profissional e técnico, e outras medidas análogas".

(13) Preâmbulo da Constituição da OIT (Declaração de Filadélfia) (OIT, 1946): "Considerando que a paz para ser universal e duradoura deve assentar sobre a justiça social".

representativas das forças de trabalho nacional, colocadas sob a assistência e a proteção do Estado, como órgãos destes, exercendo funções delegadas do Poder Público (arts. 135 e 140, CF/37).

Cuida-se de um período intervencionista em que a negociação mostrava-se com vícios de consentimento. Os trabalhadores não possuíam liberdade de expressão para serem ouvidos.

Quando diante de uma negociação, seja de qual natureza for, é necessário que as partes estejam em igualdade de condições, ouvindo e fazendo ser ouvidas, não havendo grau de hierarquia que venha a macular a manifestação de vontade ou a imposição de uma vontade sobre a outra. A menos que não seja para satisfazer a vontade da outra parte, a negociação mostra-se adequada quando ambos os lados esforçam-se para obter um resultado equitativo, um consentimento em comum contra o mesmo problema.

Não há como imaginar-se uma negociação coletiva quando os representantes de trabalhadores estão presos às amarras do Estado e para este devem prestar contas de sua condição como representantes, nem ao empregador que tenta impor sua vontade sem que os destinatários sejam ouvidos.

A Constituição Federal (BRASIL, 1988) privilegia a forma centralizada de negociação remetendo à obrigatoriedade de participação do sindicato nas negociações coletivas de trabalho. Privilegiar, porém, não significa dar exclusividade. A própria Constituição Federal (BRASIL, 1988) prevê a existência de representante de empresa que promoverá o entendimento direto com o empregador. Trata-se, pois, de uma forma descentralizada de negociação, autorizada pela norma constitucional ainda que de forma supletiva, conforme se demonstrará ao longo deste trabalho. Legitimam-se os representantes de trabalhadores para dar guarida aos direitos fundamentais dos próprios empregados daquela empresa, especialmente quando há falta de representatividade sindical. A previsão da negociação descentralizada encontra amparo, ainda, em legislação infraconstitucional e internacional, também abordadas nesta obra.

Para saber se a negociação centralizada ou descentralizada é a que melhor observa a paz social, há que ser aferida a efetividade dos direitos fundamentais dos trabalhadores e o direito de expressão dele decorrente, que passa a ser analisado em seguida.

4. Teoria dos Direitos Fundamentais sobre o Direito de Representação dos Trabalhadores da Empresa

Superada a questão conceitual da negociação centralizada ou descentralizada, é possível de concluir-se que o objetivo maior é assegurar os direitos fundamentais de trabalhadores.

A formação do Comitê de Representantes e celebração do acordo realizado diretamente com o empregador é fruto da autonomia da vontade dos trabalhadores daquela determinada empresa, cujo objetivo é assegurar direitos ou defendê-los alternativamente fazendo frente a uma crise de representação que se segue na atualidade.

Deve ser analisado, em um primeiro momento, como direito fundamental lastreado no exercício do direito de liberdade de expressão. De acordo com Gilmar Mendes, Inocêncio Coelho e Paulo Branco (2008, p. 360):

> Compreender os fundamentos que se designam como justificativa para a proteção da liberdade de expressão é útil quando se enfrentam problemas relacionados com o âmbito normativo desse direito básico.
>
> (...)
>
> A plenitude da formação da personalidade depende de que se disponha de meios para conhecer a realidade e as suas interpretações, e isso como pressuposto mesmo para que se possa participar de debates e para que se tomem decisões relevantes. O argumento humanista, assim, acentua a liberdade de expressão como corolário da dignidade humana. O argumento democrático acentua que "o autogoverno postula o discurso político protegido das interferências do poder". A liberdade de expressão é, então, enaltecida como instrumento para o funcionamento e preservação do sistema democrático (o pluralismo de opiniões é vital para a formação de vontade livre).

O direito de expressão é, portanto, um corolário da dignidade humana que deve assistir os trabalhadores para a participação em debates e destinado ao conhecimento da tomada de decisões relevantes dentro da empresa. É o direito de expressão que lastreará o funcionamento das tomadas das decisões pelo comitê de trabalhadores da empresa, preservando o sistema democrático, como será demonstrado em capítulo próprio.

A representação de trabalhadores nas empresas deve ser vista como um direito fundamental de expressão dos empregados, sendo que "a representação dos trabalhadores encontra fundamento 'no direito de o trabalhador participar na vida e no desenvolvimento da empresa'" (BEZERRA LEITE[14], 1997. p. 121 *apud* ROMITA, 2005. p. 349), acenando para a "criação de canais de comunicação entre a direção da empresa e o pessoal [...] Ao assegurar uma eleição de um representante dos trabalhadores, a Constituição Federal estimula, portanto, a representação dos trabalhadores na empresa" (ROMITA, 2005. p. 349).

O direito de representação ocorreu na França quando o processo de descentralização, em 1982, pela reforma de Auroux, estabeleceu, entre outras questões, o direito de expressão e a obrigação de negociação no nível de empresa.

O direito de expressão assegura o direito de os trabalhadores se organizarem em pequenos grupos no interior das empresas, constituindo-se um canal de comunicação com o empregador destinado ao debate de condições de trabalho. A obrigação de negociação no nível de empresa estipulou sua participação nas negociações coletivas anuais com os sindicatos acerca de salário e duração do trabalho.

Miranda (2012, p. 1.500 e 1.502) demonstra que

> essas reformas importaram tanto na quebra do então vigente princípio da delegação, como na superação da lógica de nunca negociar quando concessões já foram ganhas [...] a França está gradualmente adaptando seu sistema de relações do trabalho no sentido de criação de uma estrutura coordenada entre os níveis de negociação de categoria e de empresa, onde ambos os poderes e os desafios das instituições tendem a aumentar.

Nesse processo de mudança francesa, não se estará diante de uma extinção da negociação coletiva centralizada em categoria, mas a fonte de direitos trabalhistas adotará uma posição muito mais de supervisão do que propriamente de atuação.

A Lei do Diálogo Social estabelecida na França, em 2004, preconizou que acordos no âmbito empresarial derrogarão, via de regra, o que tiver sido decidido na negociação no nível da categoria, salvo matérias específicas como o salário mínimo, seguridade social, previdência privada e quadro de cargos e salários, podendo a negociação em âmbito nacional, porém, vedar que concessões sejam feitas por negociação em nível de empresa.

Ou seja, há uma autorização aberta para que a negociação realizada no âmbito empresarial derrogue vantagens concedidas em nível da categoria, desde que esta última não o vede expressamente. Trata-se do chamado *principe de la supplétivité* previsto na Lei n. 2.253-3, o qual, no direito brasileiro, corresponde a regra dispositiva. Miranda (2012, p. 1.500 e 1.502) leciona que:

> No direito francês, a *"régle supplétive"* é aquela que se opõe à *"régle de l'ordre public"*, cujos análogos no direito brasileiro são a regra dispositiva e a regra imperativa. Daí a escolha do termo princípio da disposição como tradução para o "principe de la supplétivité".

---

(14) BEZERRA LEITE, Carlos Henrique. *Constituição e direitos sociais dos trabalhadores*. São Paulo: LTr, 1997.

Posteriormente, na França, constatou-se uma tendência de maiores derrogações nas negociações centralizadas. Em 20 de agosto de 2008, a Lei da Social Democracia (MIRANDA, 2012) concedeu a possibilidade de derrogação de vantagens da duração do trabalho por meio de acordo coletivo de âmbito empresarial, pouco importando o que foi negociado em nível de categoria.

Afere-se que na França há uma tendência de conceder maiores poderes aos demais atores sociais e aos próprios trabalhadores representados pelo seu comitê da empresa, assegurando-lhes o direito de expressão.

Inspirada em um dos ideais da Revolução Francesa é que a Constituição Federal brasileira de 1988 passou a prever a liberdade de expressão dentro do artigo direcionado as garantias fundamentais. Esse direito de expressão é amplo, não sofrendo restrições de acordo com o preconizado pelo art. 5º, IV, XIV e, igualmente, no art. 220 da Constituição Federal (BRASIL, 1988).

O direito de expressão tutela todas as formas de pensamento e de expressar livremente, especialmente na defesa dos próprios trabalhadores de seus direitos trabalhistas perante uma empresa. Restringir essa atuação é restringir violação à garantia fundamental de livre expressão que é ampla, conforme lecionam ainda Mendes, Coelho e Branco (2008, p. 360-361):

> A garantia da liberdade de expressão tutela, ao menos enquanto não houver colisão com outros direitos fundamentais e com outros valores constitucionalmente estabelecidos, toda opinião, convicção, comentário, avaliação ou julgamento sobre qualquer assunto ou sobre qualquer pessoa, envolvendo tema de interesse público, ou não, de importância e de valor, ou não [...]
>
> No direito de expressão cabe, segundo a visão generalizada, toda mensagem, tudo o que se pode comunicar — juízos, propaganda de ideias e notícias sobre fatos.

Qualquer forma de "diferenciar entre opiniões valiosas ou sem valor é uma contradição num Estado baseado na concepção de uma democracia livre e pluralista" (KARPEN[15], 1988. p. 83 *apud* MENDES; COELHO; BRANCO, 2008. p. 361).

O direito de expressão repercute, inclusive, em lugares privados, de acordo com a posição do STF no julgamento do RE n. 197.911, Relator Ministro Octavio Gallotti, julgado em 24 de setembro de 1996, que determinou a obrigatoriedade de empresas não somente admitirem a fixação de comunicados de sindicatos de trabalhadores como ainda de criarem quadros para a afixação desses avisos. Quando o sindicato silencia, caberá, portanto, à representação de trabalhadores o direito de liberdade de expressão dentro da empresa sem qualquer diferenciação de opinião do sindicato que se recusou a negociar.

---

(15) KARPEN, Ulrich. Freedom of expression. In: KARPEN, Ulrich (Ed.). *The Constitution of the Federal Republic of Germany*. Baden-Baden: Nomos Verlagsgesellschaft, 1988. O autor sustenta a amplitude do conteúdo da liberdade de expressão, de acordo com os dizeres de Mendes, Coelho e Branco (2008, p. 361).

Ocorre, porém, que esse direito fundamental de liberdade de expressão — que assiste em favor do Comitê de Representantes dos Trabalhadores da Empresa — pode colidir com o monopólio negocial sindical para a negociação que está prevista no art. 8º, VI, da Constituição Federal (BRASIL, 1988).

A doutrina debruça-se na tentativa de resolver aparentes conflitos de normas constitucionais, no caso em tela, entre a dignidade da pessoa humana (arts. 1º, III, 5º e 7º, Constituição Federal) (BRASIL, 1988) e a representação sindical em que toda e qualquer negociação deverá ser promovida pela entidade sindical (art. 8º, Constituição Federal) (BRASIL, 1988).

Nesse aspecto, inova Joselita Nepomuceno Borba (2013, p. 206-207), afirmando que:

> [...] na arquitetura do sistema, o aplicador do direito deve sempre operar regras e princípios constitucionais a partir de interpretação que leve, precipuamente, ao fim constitucional nela embutido ou decorrente do sistema. Da mesma forma, o princípio constitucional da razoabilidade — ou da proporcionalidade — traz consigo a permissão ao juiz para averiguar a *mens legis* ou para graduar o peso da norma ou do princípio no caso concreto, de modo a não permitir que ela produza resultado indesejado pelo sistema.
>
> Assim, diante de dois princípios constitucionais: dignidade da pessoa humana, que tem na sua base o catálogo de direitos e garantias fundamentais (art. 1º, III, 5º e 7º), e representação sindical, modo de viabilizar a realização de direitos sociais (art. 8º, III), havendo choque entre eles, qual deve prevalecer? A dignidade do homem trabalhador ou o privilégio de representação?
>
> Certamente, a carga de valores que encerra o princípio da dignidade humana, e que se irradia por todo o sistema, prevalece. Num juízo de ponderação, o acesso à justiça, o valor social do trabalho, a preservação de direitos e garantias fundamentais individuais e sociais, somente para ilustrar, sobrepõem-se ao poder sindical de representar, não havendo razão suficiente para aniquilar tão grande campo axiológico em prol de um monopólio.

Assim, para Joselita Nepomuceno Borba (2013), o princípio da dignidade da pessoa humana sobrepõe-se, inclusive, ao privilégio de representação sindical, a fim de viabilizar a realização de direitos sociais. E, com razão, tendo em vista que se faz necessário tutelar os direitos fundamentais dos trabalhadores na medida em que, restando prejudicada a negociação pela entidade sindical, haverá plena legitimidade do Comitê na negociação que objetivará melhores condições de trabalho depois de debater amplamente com os seus representados por meio de assembleia.

As previsões constitucionais têm por finalidade conceder a mais ampla efetividade social aos trabalhadores de determinada empresa que negociarão diretamente com o seu empregador.

A validade para essa negociação é destacada no próprio índice da obra intitulada *Compêndio de Direito Sindical*, Amauri Mascaro Nascimento (2008) insere a representação dos trabalhadores no local de trabalho no capítulo reservado a entes não sindicais de base, constituindo a Terceira Parte de sua obra, de título Tipos de Organizações Sindicais. Para o autor, haveria, então, os entes sindicais de cúpula, entes sindicais de base e entes não sindicais de base, inserindo-se nestes a representação de trabalhadores na empresa (NASCIMENTO, 2011. p. 10-11) que, em outros países, formam o direito sindical (NASCIMENTO, 2011. p. 378):

> Há, em muitas empresas de outros países, sindicatos de empresa, caso em que a representação pelo sindicato supre a necessidade de representação direta não sindical. O direito sindical reconhece a possibilidade de duplo canal de comunicação na empresa: o da representação dos trabalhadores e a do sindicato [...]
>
> O fundamento jurídico da representação dos trabalhadores na empresa é o direito de associação. Este não se refere à associação sindical. Todo grupo que exerce atividade lícita deve ter o direito de associação, inerente a todo ser humano. Os órgãos de representação expressam-se como resultado de um natural impulso associativo dos trabalhadores. Funda-se, também, no direito de participação dos empregados. Há, também, fundamento, para a representação, no conceito social de empresa, não como atividade exclusivamente econômica, mas, também, como organização que cumpre funções sociais.

A representação de trabalhadores dentro da empresa é, pois, uma associação voltada para a defesa de seus interesses, ressalvando-se o debate acerca do elemento subjetivo que poderia ser representação de vontades ou representação de interesses. Há maior aceitação por esta última porquanto nem sempre se está diante de vontades que desencadeiam a atuação dos representantes, mas verdadeiramente os seus interesses.

Em outros países, como visto, a representação de trabalhadores na empresa integra o cenário de liberdade sindical, integrando-se a representações sindicais para a formação do que se denomina de "duplo canal". A liberdade sindical atuaria, nessa situação, como base de todo o movimento associativista laboral, conforme leciona Luciano Martinez (2013, p. 89):

> O exercício pleno da liberdade sindical forma, como se viu até aqui, a base de toda a fortaleza do movimento associativista laboral, constituindo, por isso, o pressuposto essencial para o desenvolvimento sustentável do diálogo entre o capital e o trabalho. Diante disso, e por ser a liberdade sindical instituto integrante do amplo continente dos direitos humanos laborais, é que as normas internacionais se ocupam da sua proteção na certeza de que tal atuação favoreceria (como parece ter favorecido) o concerto de trabalhadores para a defesa e a reivindicação de melhores condições de trabalho e de produção.
>
> A liberdade sindical insere-se, portanto, na esfera dos mencionados "direitos humanos laborais", vale dizer, direitos que visam possibilitar condições mínimas de trabalho para organizar estratégias tendentes a alcançar vantagens

suplementares àquelas previstas em lei. Tais direitos formam um conjunto de conquistas históricas intimamente dependentes da mencionada liberdade sindical e que nela encontram um ponto de apoio para a sua construção.

A representação dos trabalhadores diretamente na empresa, por meio do comitê, estaria lastreada na concepção de direitos humanos laborais, inclusive, com assentamento em normas coletivas da OIT.

Nessa esteira de pensamento, é de bom alvitre ressaltar que no dia 19 de junho de 1998, a OIT assinou a Declaração sobre os Princípios e Direitos Fundamentais no Trabalho (OIT, 1998), que em seu item 2 declara que "o reconhecimento efetivo do direito de negociação coletiva" é princípio relativo ao direito fundamental, e todos os membros, ainda que não tenham ratificado determinadas convenções, têm um compromisso derivado de respeitar, promover e tornar realidade esses direitos fundamentais.

Dentre outros preceitos, a declaração tem por finalidade "assegurar aos próprios interessados a possibilidade de reivindicar livremente e em igualdade de oportunidades uma participação justa nas riquezas a cuja criação tem contribuído, assim como a de desenvolver plenamente seu potencial humano" (Declaração da OIT) (OIT, 1998).

É por meio dessa declaração (OIT, 1998) que se colima cada vez mais uma participação de trabalhadores — próprios interessados — na vida da empresa, negociando diretamente com o empregador.

Ou seja, mesmo que um país não tenha ratificado determinada convenção internacional, a referida Declaração sobre os Princípios e Direitos Fundamentais no Trabalho impõe o compromisso dos membros da OIT em tornar realidade os direitos fundamentais preconizados por ela:

> 2. Declara que todos os Membros, ainda que não tenham ratificado as convenções aludidas, têm um compromisso derivado do fato de pertencer à Organização de respeitar, promover e tornar realidade, de boa fé e de conformidade com a Constituição, os princípios relativos aos direitos fundamentais que são objeto dessas convenções, isto é:
>
> a) a liberdade sindical e o reconhecimento efetivo do direito de negociação coletiva;
>
> b) a eliminação de todas as formas de trabalho forçado ou obrigatório;
>
> c) a abolição efetiva do trabalho infantil; e
>
> d) a eliminação da discriminação em matéria de emprego e ocupação. (OIT, 1998)

Trata-se de prestigiar o reconhecimento efetivo do direito de negociação coletiva oriundo de uma liberdade sindical.

A preocupação internacional com a efetividade da negociação coletiva por representantes de empresas é de tamanho destaque que a OIT aprovou, na 56ª reunião da Conferência Internacional do Trabalho (Genebra – 1971), com entrada em vigor no plano internacional em 30 de junho de 1973, a Convenção n. 135 (OIT, 1973), a qual versa sobre a proteção de representantes de trabalhadores.

A referida norma internacional foi ratificado pelo Brasil por meio do Decreto n. 131, de 22 de maio de 1991, com vigência nacional a partir de 18 de maio de 1991 (BRASIL, 1991).

O art. 3º da Convenção[16] (OIT[17], 1973) prevê a existência de representantes dos trabalhadores eleitos pelos trabalhadores, bem como de um comitê formado por representantes sindicais. O que se afere, pois, é a proteção dada pela OIT ao direito de negociação coletiva, reconhecendo-a como direito fundamental.

Nada obstante, na 67ª reunião da OIT, em 1981, vigorando internacionalmente em 11 de agosto de 1983, a organização aprovou a Convenção n. 154 (OIT, 1981), que preconiza sobre o "Fomento à Negociação Coletiva", ratificada pelo Decreto n. 1.256 de 1994 (BRASIL, 1994) tratando sobre a negociação coletiva e sua forma de aplicação.

A Recomendação n. 143 da OIT (OIT, 1975) dispõe sobre a proteção dos membros da representação contra medidas arbitrárias praticadas pelo empregador que impõe risco aos empregos. Trata-se de dar guarida àqueles empregados que, defendendo os interesses de todos, poderão eventualmente indispor-se com o empregador na negociação e, com isso, ver seu emprego em risco.

O parágrafo n. 990 da *Recopilación de decisiones y principios del Comité de Libertad Sindical del Consejo de Administración de la OIT* (OIT, 2006. p. 210) garante aos trabalhadores o direito fundamental à negociação por empresa, realizado pela organização de trabalhadores que, por sua vez, não pode ser restringido por lei: "La legislación no debería obstaculizar la negociación colectiva a nivel de industria. (Véase Recopilación de 1996, párrafo 853)".

De igual maneira, quis o constituinte brasileiro inserir o direito de representação dos trabalhadores para promoção de entendimento direto com o empregador, inserto no art. 11 da Constituição Federal (BRASIL, 1988), dentro do Título II que versa sobre os "Direitos e garantias fundamentais", alçando essa negociação de representantes dos trabalhadores ao patamar de garantia fundamental, tal como preconizado pela OIT:

> Art. 11. Nas empresas de mais de duzentos empregados, é assegurada a eleição de um representante destes com a finalidade exclusiva de promover-lhes o entendimento direto com os empregadores.

---

(16) "Art. 3º Para os fins da presente Convenção, os termos 'representantes dos trabalhadores' designam pessoas reconhecidas como tais pela legislação ou a prática nacionais, quer sejam: a) representantes sindicais, a saber, representantes nomeados ou eleitos por sindicatos ou pelos membros de sindicatos; b) ou representantes eleitos, a saber, representantes livremente eleitos pelos trabalhadores da empresa, conforme as disposições da legislação nacional ou de convenções coletivas, e cujas funções não se estendam a atividades que sejam reconhecidas, nos países interessados, como dependendo das prerrogativas exclusivas dos sindicatos."

(17) OIT — Organização Internacional do Trabalho. Disponível em: <http://ilo.org/global/standards/information-resources-and-publications/publications/WCMS_090634/lang--es/index.htm> Acesso em: 19 maio 2014.

Seria uma aparente contradição afirmar que o referido dispositivo constitucional é o fundamento exclusivo para a existência de um Comitê dentro da empresa, uma vez que não haveria um Comitê formado por um representante somente. Uma comissão pressupõe a existência de mais de um único representante.

Ou seja, o art. 11 da Constituição Federal (BRASIL, 1988) prevê a eleição de um representante de trabalhadores destinado a promover o entendimento direto com os empregadores, cuidando-se da figura do delegado — não necessariamente sindical porquanto não quis o constituinte fazer expressa referência à vinculação do representante ao sindicato — que é uma representação individual.

Nesse sentido, Arnaldo Süssekind (2001, p. 498) leciona que o representante do pessoal que será eleito pelos empregados da empresa possui atribuição diversa àquela do delegado sindical, circunscrevendo-se ao campo das relações individuais do trabalho, tratando-se de um caminho de mão-dupla entre o empregador e empregados. A reserva sindical, abordada mais adiante, deve ser respeitada pelos representantes especialmente no que se refere à negociação coletiva. Continua Süssekind que: "Parece-nos incontroverso, portanto, que não cogitou de delegado sindical, mas de representante do pessoal, a ser eleito por todos os colegas da empresa e não somente pelos sindicalizados".

Ou seja, para o referido autor não se trata da figura do delegado sindical, mas de *representante do pessoal*.

Em uma primeira análise, quiçá perfunctória, o referido artigo constitucional daria a entender pela impossibilidade de que um Comitê pudesse ser constituído por mais de uma única pessoa. E mais, que no âmbito brasileiro, a existência de um Comitê não estaria previsto na Constituição Federal, mas tão somente em legislações infraconstitucionais como o art. 617, CLT (BRASIL, 1943), o art. 5º da Lei n. 7.783/89 (de Greve) e o art. 2º da Lei n. 10.101/00 (de Participação nos Lucros e Resultados).

O argumento não se sustentaria por três razões: a uma porque a leitura dos dispositivos da Constituição Federal deve ser feita com propósito de privilegiar os institutos, conforme decidido pelo Excelso Supremo Tribunal Federal; a duas em razão do art. 11 da Constituição Federal, o qual deve ser interpretado em conjunto com as normas internacionais que dispõem sobre as formas de representação interna dos trabalhadores nas empresas; a três porque o referido dispositivo constitucional, mesmo que fazendo expressa alusão a um único representante, pressupõe que este tenha sido eleito por vários trabalhadores reunidos em assembleia que poderão escolher este representante aludido pela Constituição Federal (BRASIL, 1988) como uma forma de porta-voz para tão somente repassar ao empregador a vontade da maioria, promovendo o entendimento direto com os empregadores.

Vale dizer, na primeira questão mencionada, nos debates do julgamento do RE n. 193.503/SP em que o Supremo Tribunal Federal decidiu pela ampla e irrestrita legitimidade ativa *ad causam* dos sindicatos como substitutos processuais, em análise do inciso III, art. 8º, CF, (BRASIL, 1988), houve o entendimento de que "... Interpretar essa defesa judicial, em termos também assim mais à larga, mais à solta, generosamente, não é fazer ideologia, é trabalhar tecnicamente a Constituição na matéria... É preciso meditar sobre cada uma dessas palavras intencionalmente usadas pela Constituição com esse propósito generoso" (STF RE n. 193.503/SP, Tribunal Pleno, j. 12.6.2006, Dj 24.8.2007, p. 893). Logo, não há que ser feita a restrição da leitura do art. 11 da Constituição Federal, devendo haver uma interpretação generosa na defesa dos direitos fundamentais dos trabalhadores, concedendo o fundamento de constitucionalidade para a existência dos Comitês e não de meros delegados sindicais.

A segunda questão é que o referido artigo deve ser interpretado de acordo com a Convenção Internacional n. 135 da OIT (OIT[18], 1973), que não faz restrição como a Constituição Federal dá a impressão, mas — ao contrário — quando se refere aos "representantes de trabalhadores" o faz com a cautela de utilizar a forma do plural para se referir àquela forma de representação. Também nesse aspecto, o art. 11 da Constituição Federal deve possuir uma interpretação generosa, por meio de uma visão articulada. Ainda nos debates mencionados acima, o STF destaca a necessidade de se fazer essas interpretações casadas, que prestigiam as instituições, um cargo: "... Quando a Constituição isola, destaca uma instituição, um cargo, um agente estatal, é para prestigiar. Nada como se buscar uma visão não solteira dos dispositivos constitucionais, mas uma visão casada, articulada. A Constituição falou em associação, genericamente. Claro (art. 5º, inciso XXI), mas... destacou a Ordem dos Advogados do Brasil para quê? Para prestigiá-la..." (STF RE n. 193.503/SP, Tribunal Pleno, j. 12.6.2006, Dj 24.8.2007, p. 887). Há que se estender ao Comitê de Trabalhadores o prestígio concedido ao representante da dicção literal do art. 11 da CF (BRASIL, 1988), fazendo-se a leitura casada seja com os dispositivos internacionais ou mesmo com a forma genérica do art. 5º, XXI, CF (BRASIL, 1988). É nesses dispositivos (arts. 11 e 5º, XXI, CF) que se assenta a constitucionalidade do Comitê de Trabalhadores da Empresa.

Uma vez que uma comissão pressupõe a existência de um conjunto de indivíduos para desempenhar determinada tarefa ou mesmo se tratando da reunião de pessoas voltadas para uma finalidade específica, entende-se ser necessária uma interpretação extensiva. A forma colegiada de representação pressupõe um diálogo entre os representantes e deste com os trabalhadores por meio de assembleia, dando maior democracia interna por meio de um amplo debate entre os próprios interessados.

O artigo constitucional colimou tutelar o direito de negociação dos trabalhadores, assim como o fez ao inserir a previsão contida no art. 8º, VI, da CF (BRASIL, 1988). O que se pretende é assegurar o direito de negociação das condições de trabalho que, no caso específico, será realizada pelo Comitê.

Na terceira hipótese, mesmo pela dicção literal do art. 11 da Constituição Federal (BRASIL, 1988), vê-se a fundamentação para a existência do Comitê de Trabalhadores porquanto os trabalhadores se reúnem em torno de um representante que será o responsável por externar os interesses dos empregados daquela determinada empresa. Quis o

---

(18) OIT — Organização Internacional do Trabalho. Disponível em: <http://ilo.org/global/standards/information--resources-and-publications/publications/WCMS_090634/lang--es/index.htm> Acesso em: 19 maio 2014.

constituinte prever a figura de uma associação de trabalhadores e não uma contradição de um Comitê formado por uma única pessoa que, inclusive, poderá responder civilmente por eventual extrapolação do mandato que lhe foi outorgado pela assembleia de trabalhadores, tema abordado mais adiante.

Ainda que o referido dispositivo faça referência sobre um único representante com empresas de mais de dez empregados, é inevitável concluir que esse trabalhador foi escolhido por meio de uma eleição interna em que os trabalhadores se reuniram e votaram naquele representante escolhido dentre o quadro de funcionários da empresa para promover o entendimento direto com o empregador. Ao escolher um representante, os trabalhadores se reuniram em uma associação de interesses.

O constituinte pretendeu garantir um patamar mínimo de representação interna na empresa ao mencionar um representante para empresas com mais de duzentos empregados. Restou assegurado o direito de representação nas empresas com mais de duzentos empregados, não restringindo a estabelecimentos ou pontos comerciais. O legislador foi além e garantiu o direito aos trabalhadores considerados em sua totalidade, insertos no universo de duzentos empregados.

O referido art. 11 da Constituição Federal (BRASIL, 1988) deve ser interpretado em conjunto com o *caput* do art. 7º, também da Constituição (BRASIL, 1988) a fim de garantir-se a condição mais benéfica de trabalho. Entendendo-se que a representação colegiada, definida em capítulo específico mais adiante, como sendo a que melhor atende aos direitos dos trabalhadores, o Comitê poderá ser representado por mais de um único trabalhador que será escolhido pelos trabalhadores reunidos para um pleito eleitoral interno.

A fim de superar qualquer controvérsia, tem-se que é, portanto, na Convenção n. 135 da OIT que os trabalhadores têm amparado o seu direito em possuir representantes dentro da empresa, alvitrando-se que o art. 11 da Constituição Federal (BRASIL, 1988) prevê a eleição de um representante de trabalhadores destinado a promover o entendimento direto com os empregadores. A norma constitucional deve ser interpretada de acordo com a legislação internacional e como base para a existência de Comitês de Trabalhadores, possuindo eficácia plena.

Outra questão que pode se mostrar polêmica é a necessidade ou não da participação da entidade sindical na assembleia geral de trabalhadores que escolherá os integrantes do Comitê de Representantes.

Algumas posições conflitantes se põem na análise do tema: de um lado, a participação do sindicato poderia evitar uma ingerência empresarial na escolha dos referidos representantes, atribuindo maior idoneidade ao pleito eleitoral assim como pretendeu o Ministério do Trabalho e Emprego ao editar a mencionada Portaria n. 329, de 14 de agosto de 2002 (BRASIL, 2002), cujo art. 2º atribui a fiscalização da eleição ao sindicato da categoria profissional. Conquanto se trate de uma norma administrativa que verse sobre Comissão de Conciliação Prévia, que conta com a participação de representantes da categoria econômica, poderia surgir vozes sustentando a sua aplicação para a escolha dos representantes do Comitê de Representantes de Trabalhadores; por outro lado, a crise do sindicalismo daria margem a um pleito eleitoral, igualmente maculado, pois a intervenção sindical estaria destinada, eventualmente, a atender aos interesses exclusivos dos dirigentes sindicais, especialmente quando a entidade não se mostra representativa. Nesse caso, o processo de escolha dos representantes seria mais burocrático e haveria a necessidade de aferir os critérios de representatividade sindical[19], hodiernamente entendidos como tais a vida associativa regular e de ação sindical eficiente a que alude o art. 571, CLT (BRASIL, 1943); por fim, a participação da entidade sindical na escolha dos representantes deveria ser feita com análise do art. 11, CF (BRASIL, 1988), que não faz qualquer referência à vinculação do sindicato na representação interna e, por consectário lógico, no pleito eleitoral.

É bem verdade que as entidades sindicais efetivamente representativas não poderiam ser penalizadas pela crise do sindicalismo oriundo de outros sindicatos meramente de representação. Logo, aos legítimos sindicatos não seria possível lhes cercear o direito de participação da escolha dos representantes de empresas, uma vez que garantiriam a lisura e transparência do processo democrático de escolha do representante, o qual se constitui como direito fundamental dos trabalhadores.

Contudo, entende-se que não haverá maiores prejuízos ao sindicato efetivamente representativo porquanto é detentor de prerrogativas constitucionais e, principalmente, do respeito e unidade de sua categoria. Com isso, mesmo não havendo previsão constitucional de participação da entidade sindical no pleito eleitoral de escolha do representante, os próprios trabalhadores convidariam sua entidade representativa por aprovação da maioria dos empregados.

---

(19) O art. 519, CLT, previa como elementos para apreciação da representatividade sindical o número de associados, os serviços sociais fundados e mantidos, bem como o valor do patrimônio. O referido artigo, muito embora não seja considerado como recepcionado porquanto haveria ingerência estatal vedada no art. 8º da Constituição Federal, toma-se como mero exemplo dos elementos de aferição de representatividade sindical. Outro critério sugerido pela doutrina é a democracia interna, conforme Enunciado n. 5 da 1ª Jornada de Direito Material e Processual na Justiça do Trabalho (BRASIL, 2007). Recentemente, o C.TST passou a entender que a representatividade está lastreada na demonstração de vida associativa regular e de ação sindical eficiente (TST RO - 1847-78.2012.5.15.0000, Seção Especializada em Dissídios Coletivos, Ministra relatora Dora Maria da Costa, j. 23.2.2015, DJe 6.3.2015). Outros critérios utilizados pela doutrina, conforme Marcus de Oliveira Kaufmann (in Da forma de Representação à efetiva representatividade sindical: problemas e sugestões em modelo de unicidade. *Revista do TST*, Brasília, v. 76, n. 2, p. 133, abr./jun. 2010) são: *quantitativos* (relacionados ao número de associados do sindicato, ao número de contribuintes, ao volume de recursos arrecadados, ao número de representados, ao número de votantes em assembleias, ao número de delegados sindicais nas bases, ao número de integrantes em comissões de empresa etc.); *qualitativos* (relacionados à autonomia e à independência do sindicato profissional, se o caso, em relação ao patronato, à experiência e à antiguidade do sindicato); *institucionais* (referentes à participação do sindicato em órgãos públicos de defesa dos direitos e interesses dos empregados); *ideológicos* (relacionados ao histórico da conduta da entidade, a passagens históricas memoráveis e, como ocorreu na França até agosto de 2008, a valorização da participação sindical na resistência patriótica contra a ocupação); *funcionais* (referentes a dados objetivos decorrentes da ação sindical, como a assinatura de convênios coletivos, as ações judiciais exitosas etc.); *estruturais* (relacionados ao enaltecimento da figura do sindicato) e de *estabilidade* (que primam pela segurança jurídica transmitida pelo sindicato, pela manutenção das pessoas encarregadas na frente e por todo um período quando da negociação coletiva etc.).

A alínea "b" do art. 3º da Convenção n. 135 da OIT (Genebra, 1971) prevê que a escolha dos representantes dos trabalhadores será livremente realizada pelos empregados da empresa. A alínea "a" do mesmo artigo da norma internacional refere-se à escolha de representantes sindicais, hipótese diversa a que alude o art. 11 da Constituição Federal (BRASIL, 1988) que não faz expressa referência à participação de representante sindical.

Para fins de entendimento direto, o constituinte, no art. 11, CF, não impôs qualquer condição regulamentadora, corolário à imperiosa conclusão de que a aludida norma é de eficácia plena, assim definida por Pedro Lenza (2010, p. 177):

> Normas constitucionais de eficácia plena e aplicabilidade direta, imediata e integral são aquelas normas da Constituição que, no momento em que esta entra em vigor, são aptas a produzir todos os seus efeitos, independentemente de norma integrativa infraconstitucional [...] Não têm a necessidade de ser integradas. Aproximam-se do que a doutrina clássica norte-americana chamou de normas autoaplicáveis (*self-executing, self enforcing* ou *self-acting*).

Para Luís Roberto Barroso (2013, p. 236), "as normas de eficácia plena são as que receberam do constituinte normatividade suficiente à sua incidência imediata e independem de providência normativa ulterior para a sua aplicação".

Nas palavras de José Afonso da Silva (1998, p. 262), essas normas

> [...] são as que receberam do constituinte normatividade suficiente à sua incidência imediata. Situam-se predominantemente entre os elementos orgânicos da constituição. Não necessitam de providência normativa ulterior para a sua aplicação. Criam situações subjetivas de vantagem ou de vínculo, desde logo exigíveis.

Alvitre-se que a afirmação do autor vai no sentido de que as normas de eficácia plena criam situações de vantagem. Como tal, o art. 11 da Constituição Federal (BRASIL, 1988) vai ao encontro do *caput* do art. 7º, dessa mesma Constituição por permitir uma maior proximidade entre as partes na relação de trabalho, sendo uma condição mais benéfica aos contratos de trabalho, apesar de não haverem de ser confundidos, como ressalta Arion Sayão Romita (2005, p. 349):

> Enquanto o art. 7º, inciso XI, da Constituição de 1988 assegura aos trabalhadores, excepcionalmente, participação na gestão da empresa, conforme definido em lei, o art. 11 determina que, nas empresas de mais de duzentos empregados, seja eleito um representante destes com a finalidade exclusiva de promover-lhes o entendimento com os empregadores. O primeiro dispositivo visa, timidamente e de forma ambígua ("excepcionalmente..."), a uma forma de cogestão, enquanto o segundo acena, claramente, para a criação de canais de comunicação entre a direção da empresa e o pessoal, embora se possa aceitar esta modalidade como forma rudimentar de cogestão.

Em outro sentido, de que haveria uma ambiguidade entre o art. 11 e o inciso XI do art. 7º, ambos da Constituição Federal (BRASIL, 1988), entende Egon Gottschalk (2012, p. 125-133) que:

> [...] De fato, no art. 7º, XI, menciona, embora repetindo o emprego da expressão dúbia, "excepcionalmente", "a participação na gestão da empresa, conforme definido em lei"; e no art. 11 volta a "assegurar a eleição de um representante dos empregados, com a finalidade exclusiva de promover-lhes o entendimento direto com os empregadores", isto para as empresas com mais de duzentos empregados. Ora, a redundância está em que segundo o conceito doutrinário da representação do pessoal da empresa, já se encontram compreendidas aí as duas modalidades, isto é, a representação por meio de delegados do pessoal ou por meio de organismos eleitos no âmbito da empresa, sob a denominação de Comissão, Comitê misto ou unilateral, isto é, compostos de representantes de empregados e de empregadores, ou somente de empregados, respectivamente.
>
> Vale dizer que no permissivo constitucional do art. 7º, XI, já estava implicitamente compreendida a representação prevista no art. 11 do mesmo capítulo constitucional. A repetição da garantia em dois tópicos da Lei Magna deve ter vindo à lume apenas para sublinhar ou reafirmar a tradicional prática legislativa nossa de fazer leis inúteis pela não vigência ou *desuetude* na sua aplicação [...].

Para Elson Gottschalk (2012), tratar-se-ia de uma redundância do constituinte que surge apenas para reafirmar a participação dos trabalhadores na empresa. Ou seja, o art. 7º, XI, da Constituição Federal (BRASIL, 1988) preconiza a "participação nos lucros, ou resultados, desvinculada da remuneração, e, excepcionalmente, participação na gestão da empresa, conforme definido em lei". Nesse dispositivo já haveria, para o autor, a previsão de trabalhadores na gestão empresarial que, nesse caso, seria uma norma de eficácia contida, de modo que não haveria a necessidade de uma previsão legal no art. 11, Constituição Federal (BRASIL, 1988).

Dentro do art. 7º, XI, da Constituição (BRASIL, 1988) aferem-se dois direitos previstos: o primeiro de natureza pecuniária relativa à participação nos lucros ou resultados, e o segundo de natureza de defesa dos interesses, que é o direito de representação de trabalhadores dentro da empresa na gestão empresarial.

Esse artigo foi regulamentado por meio da Lei n. 10.101 de 2000 (BRASIL, 2000), trazendo a possibilidade de que a participação nos lucros e resultados ocorra entre o empregador e seus empregados por meio de uma comissão paritária:

> Art. 2º. A participação nos lucros ou resultados será objeto de negociação entre a empresa e seus empregados, mediante um dos procedimentos a seguir descritos, escolhidos pelas partes de comum acordo:
>
> I - comissão paritária escolhida pelas partes, integrada, também, por um representante indicado pelo sindicato da respectiva categoria;

É aquilo que se denomina de comissão orgânica, que contará com a participação de entidade sindical. Porém, parte da doutrina relativiza essa exigência, em razão do modelo sindical que existe atualmente e das dificuldades que se impõem com a quantidade de sindicatos representando diversas categorias de uma mesma empresa.

Vale dizer, a respeito do comitê de representantes de empresas a que alude a Lei n. 10.101 de 2000 (BRASIL, 2000), Paulo Sérgio João (s. d.) nos traz importante lição, destacando três aspectos relevantes, dentre eles essa questão do modelo de unicidade, além de outros que são abordados especificamente sobre o plano de participação de lucros e resultados:

> [...] **O primeiro aspecto** é o da escolha do interlocutor por parte dos empregados. A lei sugere três modelos: comissão de trabalhadores, acordo coletivo ou convenção coletiva. Quanto aos dois últimos modelos, acordo coletivo ou convenção coletiva, não devem confundir obrigações de natureza trabalhista com programa de PLR. O Plano é exclusivo sobre forma de distribuição de resultados ou lucros e não pode conter cláusulas de natureza trabalhista, tais como garantia de emprego, férias, pagamento de horas extras etc.
>
> [...]
>
> Inegável que o modelo ideal é o da negociação com comissão de trabalhadores, pois sempre estão mais próximos das dificuldades de metas e podem colaborar nos critérios de avaliação de desempenho. Os sindicatos se colocam contra esse modelo porque temem a perda de espaço político nas negociações. Todavia, o conteúdo de um programa de PLR não tem natureza trabalhista e não encerra conflito, mas harmonização em que empregados e empregador vão à busca de melhor resultado e com isto todos terão melhores ganhos tanto econômicos como sociais.
>
> **O segundo aspecto**, quando escolhido o modelo da comissão de trabalhadores, é o de criar regras de elegibilidade, pois nem todos os empregados da empresa reúnem condições para serem eleitos, tais como empregados com contratos a título de experiência. Além disso, deverá ser regulamentada a forma de apuração de votos e mandato da comissão [...]
>
> **O terceiro aspecto** é o da exigência da lei de que a comissão seja integrada por representante do sindicato e, nesse caso, a dificuldade resulta do modelo de organização sindical brasileira baseado em categoria profissional. Em geral, as empresas possuem, entre seus empregados, mais de uma categoria profissional, além daquela considerada preponderante. A quem estender o convite para nomear um representante na comissão? A sugestão sempre é da categoria profissional preponderante, mas alguns setores da empresa, cujos trabalhadores pertencem a outras categorias, poderão ser envolvidos de forma relevante para a obtenção dos resultados. Nesse caso, caberá ao empregador avaliar a conveniência de dar conhecimento aos sindicatos profissionais envolvidos.

Porém, se por um lado é possível concluir-se que os sindicatos seriam resistentes a esse tipo de modelo porque haveria um temor pela perda de espaço político nas negociações, como visto acima, por outro tem-se a possibilidade de que as entidades sindicais se valessem desses comitês para ingressar nas empresas e estender seu sustentáculo de representatividade.

Como demonstra Paulo Sérgio João (s.d.), em análise detida à lei de participação nos lucros e resultados que conta com previsões específicas, a comissão de representação é orgânica em razão da vinculação com o sindicato, conforme a Lei n. 10.101 de 2000 (BRASIL, 2000), art. 2º, I, com redação dada pela Lei n. 12.832 de 2013 (BRASIL, 2013).

Há entendimentos doutrinários quanto à existência de representantes de empresas desvinculados aos sindicatos, de natureza inorgânica, portanto.

Os comitês de representantes de trabalhadores nas empresas seriam um direito fundamental igualmente concedido às entidades sindicais que, tal como ocorrido na Itália, teriam a possibilidade de deles utilizar-se como forma de dar maior representatividade na defesa de interesses dos trabalhadores de uma determinada empresa. Tratando-se de uma associação civil privada formada por trabalhadores de uma determinada categoria, o direito fundamental inserto no art. 7º, XI e também no art. 11, ambos da Constituição Federal (BRASIL, 1988), aplica-se às entidades sindicais, não se restringindo aos trabalhadores isoladamente.

Trata-se de um direito fundamental, seja para trabalhador ou sindicato, tendo em vista que o constituinte alçou as garantias previstas tanto no art. 7º, XI, como no art. 11, Constituição Federal (BRASIL, 1988), ao *status* de direitos fundamentais, inserindo-os no Título II que versa sobre os "Direitos e garantias fundamentais".

É bem verdade que o mencionado artigo é específico para o plano de participação de lucros e resultados, cuja comissão não poderá deliberar sobre "cláusulas de natureza trabalhista, tais como garantia de emprego, férias, pagamento de horas extras etc." como nos ensina Paulo Sérgio João (s. d.).

Para essas demais previsões e cláusulas trabalhistas distintas da participação nos lucros e resultados é que a Constituição Federal (BRASIL, 1988), em seu art. 11, de eficácia plena, prevê a figura do representante de empresa eleito pelos trabalhadores, sem a participação necessária de representante de sindicato, muito embora seu art. 8º, VI, conceda o monopólio da negociação coletiva às entidades sindicais — tema abordado no tópico seguinte por haver a necessidade de sua interpretação de acordo com a legislação infraconstitucional.

Trata-se de interpretar a Constituição Federal de forma harmônica, conforme explana Canotilho (1993, p. 228):

> [...] o campo de eleição do princípio da concordância prática tem sido até agora o dos direitos fundamentais (colisão entre direitos fundamentais ou entre direitos fundamentais e bens jurídicos constitucionalmente protegidos). Subjacente a este princípio está a ideia do igual valor dos bens constitucionais

(e não uma diferença de hierarquia) que impede, como solução, o sacrifício de uns em relação aos outros, e impõe o estabelecimento de limites e condicionamentos recíprocos de forma a conseguir uma harmonização ou concordância prática entre estes bens.

Como visto, Egon Gottschalck (2012) prevê a redundância e não propriamente uma colisão de normas fundamentais, pois o art. 7º, XI, da Constituição (BRASIL, 1988) repetiria o que o art. 11 preconiza.

No entanto, a interpretação dada por Paulo Sérgio João, em análise detida ao art. 7º, XI, da Constituição Federal, dirime a "redundância" atribuída por Gottschalck (2012), demonstrando a interpretação harmônica a partir da qual os preceitos constitucionais devem ser analisados, ainda que não se trate propriamente de um conflito. Melhor seria dizer em complemento, em uma interpretação de acordo com o princípio da máxima efetividade, como ressalta Pedro Lenza (2010, p. 136):

> Também chamado de princípio da eficiência ou da interpretação efetiva, o princípio da máxima efetividade das normas constitucionais deve ser entendido no sentido de a norma constitucional ter a mais ampla efetividade social.

Logo, a garantia fundamental prevista no art. 11 da Constituição Federal (BRASIL, 1988) é dar a mais ampla efetividade social aos trabalhadores de determinada empresa que negociarão diretamente com o seu empregador.

A negociação coletiva e a representação de trabalhadores nas empresas é uma garantia fundamental de eficácia plena, à guisa, dentre outros, do § 1º do art. 5º da Constituição Federal[20] (BRASIL, 1988), tendo aplicação imediata.

A participação ou não de entidade sindical deve ser analisada de acordo com a legislação infraconstitucional, entendendo-se a necessidade de aferir o justo motivo de recusa de um sindicato negociar, estudado mais adiante.

A colisão de direitos previstos constitucionalmente deve ser dirimida à luz do Estado Democrático de Direito que, nas palavras de Mendes, Coelho e Branco (2008, p. 359), "[...] se justifica, também, como instância de solução de conflitos entre pretensões colidentes resultantes dessas liberdades [...]" de expressão, representação interna e monopólio sindical, no caso em apreço.

---

(20) "As normas definidoras dos direitos e garantias fundamentais têm aplicação imediata".

5. Apontamentos Relevantes do Estado Democrático de Direito

Em análise detida do caráter democrático do Estado de Direito, Miguel Reale (1999, p. 2) define o

> propósito de passar-se de um Estado de Direito, meramente formal, a um Estado de Direito e de Justiça Social, isto é, instaurado concretamente com base nos valores fundantes da comunidade. "Estado Democrático de Direito", nessa linha de pensamento, equivaleria, em última análise, a "Estado de Direito e de Justiça Social". A meu ver, esse é o espírito da Constituição de 1988...

A concepção da forma de atuação democrática do Estado deve galgar as formalidades e buscar a efetividade dos valores fundantes da sociedade em busca de uma justiça social.

O Estado Democrático de Direito cuida de salvaguardar a Constituição Federal e os direitos fundamentais que deverão ser amparados dentro da sociedade. De acordo com Arnaldo José Duarte do Amaral (2008, p. 48), "é nessa visão de realização da justiça no caso concreto que se encontra o cerne do Estado Democrático de Direito, qual seja, a concretização dos direitos fundamentais e da Constituição".

Para Dalmo de Abreu Dallari (2000, p. 145):

> A ideia moderna de um Estado Democrático tem suas raízes no século XVIII, implicando a afirmação de certos valores fundamentais da pessoa humana, bem como a exigência de organização e funcionamento do Estado tendo em vista a proteção daqueles valores.

É a proteção dos valores da pessoa humana que o Estado Democrático de Direito visa, portanto, a tutelar.

O *caput* do art. 1º da Constituição Federal de 1988 (BRASIL, 1988) é expresso em afirmar que a República Federativa do Brasil constitui-se em Estado Democrático de Direito.

Por sua vez, esse modelo de Estado democrático é sucessor do Estado do bem-estar social, não possuindo uma definição exata por se tratar de algo novo, tal como leciona Arnaldo José Duarte do Amaral (2008, p. 40-41):

> [...] o conceito e caracterização do Estado democrático de direito — modelo sucessor do Estado social — ainda se encontram em constante elaboração doutrinária e jurisprudencial.
>
> Noutras palavras, de tão recente e atual, ainda não se tem uma clara visualização e compreensão desse novel modelo estatal, porquanto falte distanciamento e amadurecimento histórico necessários.

Em verdade, a transformação está a ocorrer. Ou seja, paulatinamente, o modelo de Estado social foi — está — sendo corroído e substituído pelo Estado democrático de direito. Mas a forma desse novo modelo estatal ainda não encontra plenamente definida.

Por não possuir uma definição específica sugerida pela doutrina, há que se aferir a sua evolução, em qual momento essa forma de Estado passou a regular as relações sociais.

Como mencionado, o Estado Democrático de Direito sucede o Estado de bem-estar social que, por sua vez, foi um modelo participativo estatal, de intervenção, que se contrapôs ao Estado liberal, não intervencionista.

O Estado liberal foi aquele que se contrapôs ao Estado absoluto. Neste, o monarca centralizava os poderes Executivo, Legislativo e Judiciário, não havendo qualquer segurança jurídica, uma vez que a vontade do rei sobrepunha-se à lei e aos contratos. O Estado liberal é o período da liberdade contratual.

John Gilissen (2001, p. 738-739) aduzia que o Estado liberal

> É a idade de ouro da liberdade absoluta das convenções entre vendedores e compradores, entre patrões e operários, entre senhorios e inquilinos etc., com a consequência da obrigação de executar, mesmo se elas se revelassem injustas ou socialmente graves ou perigosas. Pois, então, estava-se convencido de que todo o compromisso livremente querido é justo.

Porém, os abusos de liberdade contratual cometidos fizeram surgir a consciência operária. A ideia da necessidade da existência de sindicatos para se contrapor à classe econômica passou a ser disseminado no local das fábricas, surgindo a preocupação de solucionar-se a questão da pobreza. Para Canotilho (2004, p. 125), "O Estado social procurou resolver o problema de falta de dinheiro e, portanto, o problema da pobreza".

O Estado do bem-estar social tinha por finalidade assegurar uma paz social que somente seria alcançada por meio da concessão de condições sociais mínimas à sociedade. Ele se consolida após a Guerra Mundial, quando o Estado amplia o pacto social mediante a prestação de condições sociais básicas, tais como saúde, educação, seguridade social e, por consectário lógico, consolida-se o direito trabalhista. Para Evaristo de Moraes Filho (1956, p. 320), no Estado do bem-estar social: "é justamente a intenção desabusadamente tutelar de suas normas que rompia com o equilíbrio clássico, colocando-se confessada e expressamente ao lado de uma classe".

Tomando por esteio essas palavras de Evaristo de Moraes Filho, exemplifica Arnaldo José Duarte do Amaral (2008, p. 36):

> De tal arte, por exemplo, em um Estado social, o empregado e o empregador não são mais livres para ajustar o número de horas a serem laboradas em um dia. Não. Há um limite à liberdade individual: o direito do trabalho, a lei. Há, a partir da consagração do Estado social, uma nova liberdade, é a liberdade na lei.

O Estado do bem-estar social rompe com a concepção do Estado liberal que previa a autonomia da vontade das partes em negociar livremente. No modelo do Estado social, há uma intervenção para se garantir o mínimo necessário ao trabalhador.

Para determinados doutrinadores, a corrosão do *Welfare State* levou o declínio do direito do trabalho, que perde cada vez mais força com a possibilidade de seu desaparecimento, tal como se verifica nas palavras de José Luis Cataldo (2004, p. 14):

> Los tiempos serán duros: al desmantelamiento que los propios Estados acometen contra la normativa laboral, por medio de la desregulación normativa, se unirá el golpe de gracia de la propia partes, mediante las nuevas técnicas de gestión de descentralización productiva (outsourcing), reducción de plantillas (downsizing) y reingeniería, que provocarán lo que con acertada fórmula se describió con la "huida del Derecho del Trabajó" llevando a afirmar que "el dogma de la optimización de los beneficios empresariales llevado a sus últimas consecuencias significa pura y simplemente la desaparición de Derecho de Trabajo".

A corrosão do Estado do bem-estar social decorre de fatores históricos, pelo amontoado de horrores praticado na Segunda Guerra Mundial, que levaram ao denominado retorno ao direito natural na ciência do Direito, como afirma Amaral (2008), bem como pelo fator econômico, em razão do elevado custo para a manutenção do assistencialismo.

A história demonstra que o direito cuidou de chancelar os atos praticados por meio de uma positivação que avalizava a prática de um amontoado de horrores. Para Amaral (2008, p. 45), isso levou à retomada de ideias do jusnaturalismo na ciência do Direito.

Por meio dessa retomada do direito natural, haveria a reconstrução e conformação de um Estado de Direito cuja tarefa estatal, e da própria sociedade, seria observar e cumprir os direitos fundamentais do indivíduo, por meio de uma legitimação democrática dos atos praticados pelo Estado, com o consequente estímulo da participação popular. Busca-se uma realização da justiça no caso em concreto por meio da concretização dos direitos fundamentais e constitucionais.

Do fator econômico, tem-se que o modelo capitalista foi o responsável pela corrosão do Estado do bem-estar social, que deixou de ser viável em razão do elevado custo para a realização dos fins assistencialistas a que se propôs.

Esse elevado gasto acarretou a ineficácia do Estado em cumprir suas tarefas, transferindo à sociedade as tarefas de defesa dos direitos fundamentais; assim, conformando-se o Estado Democrático de Direito, conforme desenvolve Amaral (2008, p. 42):

> [...] constatou-se um dado relevante: manter e cumprir os objetivos do Estado social (pleno emprego, proteção integral ao empregado, seguridade social etc.) acarreta um enorme custo econômico ao contribuinte e à sociedade. [...]

[...] constatada a ineficácia ou a incapacidade do Estado para resolver todos os problemas sociais e econômicos da sociedade hodierna, uma nova diretriz foi construída: era preciso pensar um novo conceito de Estado, cujo modelo resultasse do aprofundamento e da junção dos dois modelos anteriores (Estado social e Estado liberal).

Nesse novo conceito de Estado, a velha comporta estabelecida entre o Estado e a sociedade seria rompida. Assim, as tarefas do Estado passaram a ser tarefas, também, da sociedade. Desse novo prumo, deriva [...] a ideia de vinculação dos particulares ao cumprimento dos direitos fundamentais.

Verifica-se, portanto, que "O Estado democrático de direito emerge como um aprofundamento da fórmula, de um lado, do Estado de Direito, e de outro, do *Welfare State*", como leciona Lenio Streck (2002, p. 64).

Elias Díaz (2004, p. 27), ao transcorrer sobre Estados ditatoriais, definia que "Eso también es Derecho (ilegítimo, injusto), también es Estado (dictatorial, totalitario) pero no es Estado de Derecho".

O Estado Democrático de Direito é comprometido com a concretização dos direitos fundamentais, não se afastando deles – ao contrário, utilizando-os como sustentáculo de sua existência. Para Friedrich Müller (1998, p. 76), "Não somente as liberdades civis, mas também os direitos humanos enquanto realizados são imprescindíveis para uma democracia legítima".

Os direitos trabalhistas, especialmente a promoção de entendimento direto dos trabalhadores com os empregadores, são direitos sociais expressados na Constituição Federal (BRASIL, 1988) e que devem ser assegurados. O Estado Democrático de Direito não se restringe, portanto, à organização do Estado, mas colima a satisfação da justiça social, especialmente na defesa de direitos fundamentais assegurados pela mencionada Constituição.

6. Critérios Formais Proeminentes do Comitê de Representantes de Trabalhadores da Empresa

A crise da representação sindical acarreta a necessidade de buscar outros meios de proteção na relação entre capital e trabalho. A doutrina preocupa-se em dar efetiva proteção aos direitos fundamentais dos trabalhadores, despindo-se da rigidez de um associativismo inflexível.

Para a doutrina, o mais importante é dar guarida aos direitos trabalhistas, concedendo um canal de acesso dos empregados diretamente com seus empregadores, a fim de possibilitar um aperfeiçoamento das relações de trabalho.

Existem critérios formais que devem ser analisados a fim de evitar-se que um comitê de representantes tenha sua negociação com o empregador esvaziada por descumprimento de exigências previstas em lei. Há que se verificar, na legislação, o espaço que ele possui para negociar diretamente com o empregador; a relação entre seus representantes e o sindicato; o critério quantitativo; entre outros, cuja análise se apresenta nos tópicos seguintes.

6.1. Relação com sindicatos

Nos países de liberdade sindical[21], inclusive, há aquilo que se denomina de "duplo canal", que pode ser *sindical* (vinculada a sindicatos) e *não sindical* (quando exercido por comissões de representantes dos trabalhadores nas empresas).

Refletindo sobre a representação de trabalhadores nas empresas, Amauri Mascaro Nascimento (2013, p. 1.382) leciona o seguinte:

> Organização dos trabalhadores na empresa, no sentido amplo, é uma forma pela qual os empregados se unem, isto é, o conjunto de meios destinados à discussão e manifestação dos empregados no local de trabalho, tendo em vista o aperfeiçoamento das relações de trabalho internamente.
>
> Não há ainda conclusões que permitam esclarecer a natureza jurídica da representação dos trabalhadores na empresa, o que depende, também, do tipo de organização adotada.

O comitê de trabalhadores nas empresas é um instrumento de efetividade dos direitos fundamentais, seja como viabilizador da liberdade de expressão dos trabalhadores

---

(21) Para parte da doutrina, assim como leciona Renato Rua de Almeida (2013) em suas aulas (Informação fornecida por Almeida no curso de A Negociação Coletiva do Trabalho Como Forma de Efetividade dos Direitos Fundamentais, ministrado em São Paulo, em 2013), a pluralidade sindical é um corolário da liberdade sindical, sendo a forma que melhor traduz o conceito defendido pela OIT.

dentro da empresa, seja como um direito social de eficácia plena inserto no Capítulo II, do Título II da Constituição Federal (BRASIL, 1988).

Trata-se, portanto, de um conjunto de meios destinados à discussão e manifestação dos empregados no local de trabalho, com a finalidade exclusiva de promover o entendimento direto entre empregados e empregador, conforme se extrai da leitura doutrinária acima e do art. 11 da Constituição Federal[22] (BRASIL, 1988).

Dentre os princípios aplicáveis aos comitês de representantes, logo adiante explanados, há o da *não concorrência sindical*, de onde se extrai que a competência dos representantes de empresas será residual, não podendo colidir com as funções sindicais[23]. Isso porque o art. 617 da CLT permite o prosseguimento da negociação pelo comitê de representantes somente na hipótese de as entidades sindicais não se desincumbirem do encargo de negociar. Tal entendimento vai ao encontro do que estabelece a Ementa n. 30 do Ministério do Trabalho e Emprego (BRASIL, 2008):

> CONVENÇÃO OU ACORDO COLETIVO DE TRABALHO. PARTICIPAÇÃO DE ENTIDADE SINDICAL.
>
> É obrigatória a participação dos sindicatos nas negociações coletivas de trabalho. Excepcionalmente, no caso de recusa do sindicato, a negociação poderá ser feita pela federação ou pela confederação respectiva, ou mesmo diretamente pelos próprios empregados, desde que respeitadas as formalidades previstas no art. 617 da CLT, quais sejam:
>
> I – ciência por escrito, ao sindicato profissional, do interesse dos empregados em firmar acordo coletivo com uma ou mais empresas, para que assuma, em oito dias, a direção dos entendimentos entre os interessados;
>
> II – não se manifestando o sindicato no prazo mencionado, os empregados darão ciência do fato à federação respectiva e, na sua inexistência ou falta de manifestação, à correspondente confederação, para que no mesmo prazo assuma a direção da negociação;
>
> III – esgotados os prazos acima, a iniciativa da negociação deverá ser sempre dos trabalhadores da empresa.
>
> Ref.: art. 8º, VI, da CF; arts. 611 e 617 da CLT.

Na Alemanha, "o sistema é baseado na ideia de concentrar a matéria contenciosa no nível da categoria — mais amplo —, proporcionando uma relação mais cooperativa no nível da empresa, entre conselhos de empresa e empregadores" (MIRANDA, 2012. p. 1.498).

A competência variaria em cada caso, os quais podem ser de vigilância, informação, consulta, deliberação e codecisão (NASCIMENTO, 2011. p. 379).

Ainda em alusão ao art. 11 da Constituição Federal (BRASIL, 1988), a forma de representação pode ser tanto sindical quanto não sindical, pois o constituinte não restringe ou exclui a participação sindical. Decerto que seu art. 8º, VI, atribuiu

---

(22) "Nas empresas de mais de duzentos empregados, é assegurada a eleição de um representante destes com a finalidade exclusiva de promover-lhes o entendimento direto com os empregadores". [grifo nosso]

(23) Sobre as funções do sindicato, Amauri Mascaro Nascimento (2011, p. 344-346) destaca a de representação, negocial e aquelas que são motivos de divergência doutrinárias, a saber: função assistencial, parafiscal, econômica e política.

a obrigatoriedade da negociação com entidade sindical com o empregador, mas não explicita a obrigatoriedade de que o comitê de representante da empresa conte com a participação de um dirigente sindical.

Uma vez que o constituinte se referiu tão somente a representantes dos empregados, verifica-se que se está diante do gênero do qual "representantes sindicais" e "representantes da empresa eleitos pelos trabalhadores" são as espécies. Tal conclusão decorre da análise da Convenção Internacional n. 135 (OIT, 1971), que prevê como gênero "representantes de trabalhadores na empresa" (art. 1º) do qual há as espécies "representantes sindicais" (art. 3º, "a") e "representantes livremente eleitos pelos próprios trabalhadores da empresa" (art. 3º, "b").

É certo, porém, que diante da mencionada crise do sindicalismo, há que se repensar a participação de representante sindical em um cenário de descaso e preocupação exclusiva com as fontes de custeio. Haveria que ser analisada a casuística, pois o que está em jogo é a segurança de efetividade dos direitos fundamentais de trabalhadores.

Ou seja, demonstrada a inatividade sindical, não haveria razão para que essa representação de trabalhadores da empresa contasse com a participação de um representante sindical de um sindicato que não é representativo. Admitir que a representação ocorresse a um representante sindical que nunca demonstrou preocupação com os trabalhadores daquela empresa seria um contrassenso. Logo, caberia tão somente aos próprios trabalhadores interessados eleger um representante dentro de seus próprios quadros de empregados quando diante de um sindicato leniente.

Para parte da doutrina, não somente essa leniência sindical admitiria a legitimidade da representação de trabalhadores, mas — igualmente — a hipótese de divergência entre a vontade do sindicato e dos trabalhadores, conforme leciona Estêvão Mallet (1998, p. 115):

> Havendo divergência entre a vontade expressa pelo sindicato e a verdadeira vontade da categoria, parece fora de dúvida que a última deve prevalecer sobre a primeira. Não se concebe seja o sindicato transformado em árbitro supremo dos interesses da categoria, de tal modo que sua manifestação de vontade fique posta ao abrigo de qualquer questionamento ou revisão. Ato algum deve ou mesmo pode ficar livre de toda espécie de controle ou fiscalização. Não se imagina, pois, o exercício da atividade sindical sem possibilidade de questionamento das decisões tomadas em nome da categoria [...]. O questionamento judicial da recusa do sindicato não caracteriza, é bom ressaltar, indevida interferência do Poder Público na organização sindical, o que seria, aliás, ilícito (Constituição, art. 8º, inciso I). Com ele apenas se tutela o interesse final envolvido na relação coletiva de trabalho, que é, o dos integrantes da categoria, prejudicado pela recusa do sindicato. Assim, recusando-se o sindicato a celebrar convenção ou acordo coletivo de trabalho, em contraste com a vontade da categoria, deve-se admitir o

suprimento judicial do consentimento recusado, a requerimento do grupo de trabalhadores prejudicado. Com isso se coíbem, tal como no passado já se fazia, em relação ao pátrio poder, os abusos e *tyrannias*.

O comitê de representantes não necessariamente deve contar com a participação de um dirigente sindical, seja pela omissão constitucional acerca da matéria, ou mesmo do conflito que pode ocorrer entre a vontade da entidade e a dos trabalhadores da empresa, devendo-se analisar separadamente qual interesse deverá ser tutelado: a vontade sindical ou dos trabalhadores da empresa.

6.2. Natureza jurídica da representação

O comitê de representantes é um instrumento de negociação ou de organização, podendo revelar-se, em uma concepção mais abrangente, na tomada de decisões empresariais, conforme Messias Pereira Donato (2012, p. 273):

> O vocábulo *participação* a retrataria de modo genérico. Traduziria o "instrumento negocial ou organizativo" capaz de exprimir os graus de interposição ou de inserção dos trabalhadores nos procedimentos de decisão da empresa.
>
> Seria possível a distinção entre participação:
>
> — *paralela*, passível de efetivar-se pela via da negociação coletiva;
>
> — *integrante*, realizada através de organismos de representação dos trabalhadores em nível do estabelecimento;
>
> — *estrutural* ou *orgânica*, feita por meio de representação dos trabalhadores em órgão ou órgãos do governo da empresa.
>
> Partindo-se dessa distinção, poder-se-iam justificar alguns conceitos, inclusive o de cogestão. A *codecisão* exclui em certos casos, conforme a matéria, o poder decisional unilateral do empregador. A eficácia da decisão só se completaria com o assentimento do órgão representativo ou de representação exclusiva dos trabalhadores. É o que se dá com o poder de atuação do comitê de empresas ou do conselho de empresa na França e na Alemanha, especialmente na área de interesse social, direto, mediato do trabalhador. Não se estende, frisa Zangari, àquelas matérias de valoração ao *top levei* do governo da empresa.

Note-se que o doutrinador faz expressa referência ao fato de que a eficácia da decisão tomada pelo empregador somente surtiria efeitos depois que houvesse o referendo por parte dos empregados. É o que se verifica na França e na Alemanha, conforme relata o autor.

Joselita Nepomuceno Borba (2013, p. 195) assim trata da representação de trabalhadores:

> Direito de coalização, como visto, é a base do direito coletivo. Apenas uma diferença de intensidade de conteúdo, na percepção de Antonio Álvares da

Silva, distingue associação profissional de coalização, estando esta na base daquela. A liberdade é da essência do fenômeno e a organização leva coesão e unificação de interesses.

Tal fenômeno associativo se apresentou e evoluiu da coalização ao sindicato; entretanto, há outras formas de representação de trabalhadores, pois o importante na atualidade não é cultuar um associativismo de formas rígidas, mas a efetiva defesa dos direitos fundamentais do cidadão trabalhador por seus delegados ou representantes.

O comitê é uma forma de associação civil de trabalhadores que elegem o seu representante, direito fundamental previsto no art. 5º, XVII e XXI, e art. 11, todos da Constituição Federal (BRASIL, 1988).

O referido inciso XXI do art. 5º faz expressa alusão a "filiados", entendendo-se como tal aquelas pessoas que ingressam na associação de livre e espontânea vontade de acordo com o direito de liberdade de associação do inciso XVII do mesmo art. 5º, CF. A expressão não retira a natureza de associação do Comitê, devendo ser contextualizada e entendida como trabalhadores e não propriamente filiados.

Não quer se dizer, ainda, que é uma associação compulsória do trabalhador.

Ao ingressar na empresa, o empregado aceita as normas internas editadas pelo empregador, anuindo com o Regulamento Interno, acordos coletivos e a própria Convenção Coletiva ao fazer parte daquela determinada categoria. Caso aquele empregado não concorde com as regras empresariais, que não violam as normas imperativas trabalhistas em respeito ao art. 9º, CLT (BRASIL, 1943), poderá optar pela busca de outro emprego perante o mercado de trabalho. O ingresso na empresa ocorre por ato volitivo.

Passando a fazer parte da vida empresarial, o novo empregado aceita o processo deliberativo dos trabalhadores e consequentemente a legitimidade do Comitê de Trabalhadores. Não se trata, pois, de uma filiação compulsória ao Comitê, mas de aceitação voluntária da estrutura de representação interna feita pelos empregados, sendo conferido a esse novo empregado o exercício de direito ou função que lhe tenha sido legitimamente conferido nos termos do art. 58 do Código Civil (BRASIL, 2002).

A expressão "filiados" não desvirtua, pois, a natureza de associação do Comitê porquanto os trabalhadores se reúnem e elegem o seu representante para promoção direta com o seu empregador. Essa reunião e consequente participação no pleito eleitoral traduzem-se em vontade manifesta daquele empregado em ser representado.

Despiciendo aferir se o trabalhador participou ou não do processo eleitoral, bem como se foi ou não vencido pela maioria reunida em assembleia para aprovação de determinada cláusula a ser inserida no contrato de trabalho por meio de assembleia dos trabalhadores da empresa. Em ambos os casos é o ciclo de legitimação democrática, adiante explanada, que permitirá a esse trabalhador dissidente exercer seu direito que decorre de sua condição de empregado da empresa. O fato de a maioria ter deliberado por outra decisão que não aquela de vontade do dissente não descaracterizaria a natureza de associação, porquanto essas deliberações são inerentes ao Comitê e nem sempre todos sairão satisfeitos acerca da decisão tomada pela maioria.

O Comitê constitui-se pela união de pessoas que se organizam para fins não econômicos. Ressalte-se que o Enunciado 534 da VI Jornada de Direito Civil prevê que "As associações podem desenvolver atividade econômica, desde que não haja finalidade lucrativa". A finalidade de um Comitê não é lucrativa, mas de promoção para o entendimento direto com o empregador para dispor sobre as condições de trabalho como se extrai da leitura do art. 11 da Constituição Federal.

Como visto acima, sobre esse dispositivo constitucional não se trata de um Comitê de uma única pessoa (delegado), mas de trabalhadores que se reúnem em torno de um representante que, igualmente, não descaracteriza a natureza de associação.

No que tange à forma, prossegue Joselita Nepomuceno Borba (2013, p. 195) afirmando que pode ela ser

> [...] interna e externa, sendo esta, própria das organizações sindicais, e aquela, exercida no local de trabalho. A representação interna distingue-se ainda em (a) colegiada, quando há conselho, comissão ou comitê de empresa, ou (b) singular, na hipótese de um único representante ou delegado.

> Com relação ao elemento "representatividade", ela pode ser paritária, mista ou não sindical, a depender da composição: paritária, se há participação de trabalhadores e empregadores; mista, se existem entidades sindicais e não sindicais, se não se conta com a presença de sindicato nos órgãos de representação.

> Quanto aos poderes a serem exercidos, a representação pode ser ampla ou restrita. Nesta, os representantes não têm poderes decisórios, só formulam propostas, enquanto naquela, vão além, pois possuem poderes de administração, como ocorre na cogestão (BORBA, 2013. p. 195).

Diferente da natureza jurídica da representação do comitê de representantes é a representação sindical, conforme conceitua Egon Felix Gottschalk (1944, p. 120-132):

> [...] ao passo que na representação convencional o próprio representado fixa os limites de poder que delega à pessoa de seu representante, é a lei que os traça ao representante legal [...] representar determinada "categoria" [...] é uma representação inteiramente *independente de qualquer manifestação de vontade por parte dos representados* [...] A representação sindical da *categoria* é, na verdade, uma *delegação legislativa*, conferindo ao sindicato reconhecido o poder de elaborar normas jurídicas que obriguem todos os indivíduos que pertençam em virtude de seu status professionalis a determinada categoria.

Esmiuçando a lição de Gottschalk (1944), Carlos Moreira de Luca (1991, p. 130-131) afirma que:

> Parte o autor da distinção entre representação jurídica, como representação de pessoas, e representação de interesses, que seria uma *representação-poder*,

no sentido de poder de sujeição da vontade alheia, porque a lei não quer que esta prevaleça em relação a certos interesses, pelo que estes interesses são atribuídos a órgãos que, segundo a expressão corrente, os representam [...] a natureza da representação da associação em relação ao grupo social: é uma representação de interesses, de tipo político, pela qual se legitima a entidade para contratar condições de trabalho.

As representações sindicais são consolidadas, dentre outros meios, a partir das convenções coletivas que, nas palavras de Francesco Carnelutti (1936, p. 184), em sua *Teoria del regolamento collettivo dei rapporti di lavoro*, assim as define: "il contratto colletivo è um ibrido, che hà il corpo del contratto e l'anima della legge". Em relação aos sindicatos, trata-se, portanto, de uma representação legal.

Na representação realizada pelo comitê de representantes ocorre, então, uma representação convencional, em que os próprios interessados fixam os limites de poder que delega às pessoas de seus representantes, diferente daquela sindical, cuja representação é prevista em lei.

Como demonstra Amauri Mascaro Nascimento (2011, p. 523-524), há uma legitimação extraordinária para que os trabalhadores assumam a negociação quando as entidades sindicais não se desincumbiram do encargo. Para o autor, trata-se, portanto, de uma representação *ad hoc*.

Em se tratando de trabalhadores eleitos para representar os interesses dos demais empregados da empresa, a relação jurídica que se estabelece é de mandato civil previsto no art. 653 do Código Civil, porquanto se destina a administrar interesses, bem como praticar atos de negociação (BRASIL, 2002). É o que conclui Joselita Nepomuceno Borba (2013, p. 207), ao afirmar que:

> [...] a legitimação da associação — e dos entes não sindicais — é natural, fruto da autonomia da vontade, enquanto a do sindicato é legal, imposta, pelo que se pode dizer que a associação possui legitimidade; o sindicato, legalidade. E nem tudo que é legal é legítimo. Legal é o poder de representar, mas não é legítimo o monopólio cuja finalidade não seja assegurar direitos ou defendê-los eficazmente.

A natureza jurídica dos comitês é respaldada por princípios que lhes são inerentes, destacados por Davi Furtado Meirelles (2008, p. 124): a) *princípio da proteção*, por meio do qual os representantes devem ser protegidos pelo Estado, com garantia de emprego e de meios de atuação na defesa dos interesses dos representados; b) *princípio da facilidade*, competindo ao empregador possibilitar aos representantes dos trabalhadores meios adequados para o cumprimento rápido e eficiente de suas funções, sem que essas facilidades venham prejudicar o funcionamento normal da empresa; c) *princípio da liberdade de escolha*, em que todos os trabalhadores representados devem escolher livremente os seus representantes, não importando que sejam filiados ou não ao sindicato da categoria profissional; d) *princípio da não concorrência sindical*, em que não deve haver concorrência entre a atuação da representação interna e a atuação sindical; e) *princípio da informação*, por meio do qual aos representantes internos devem ser fornecidas todas as informações necessárias para que os interesses dos trabalhadores representados possam ser defendidos com conhecimento, num processo de consolidação da boa-fé e da lealdade das partes; por fim, f) *princípio do sigilo das informações*, decorrente do princípio anterior, em que o representante dos trabalhadores tem o dever de manter o sigilo quanto às informações adquiridas em virtude da sua função.

Especialmente no Brasil, em que não há uma regulamentação específica sobre o Comitê de Trabalhadores da Empresa, os princípios atuam como fonte de interpretação e de informação, permitindo que tanto os empregados como as empresas se estruturem para viabilizar a democracia interna.

6.3. Critérios quantitativos de representação

O art. 11 da Constituição Federal (BRASIL, 1988) preconiza que haverá um representante para cada 200 empregados existentes na empresa, o que, como se demonstra, tem por finalidade evitar cooptação dos representantes por parte dos empregadores.

Como nos mostra Amauri Mascaro Nascimento (2011, p. 241)[24], em análise crítica ao sindicalismo por empresa, representantes dos trabalhadores em empresas pequenas estão mais suscetíveis de cooptação por seus empregadores. Por essa razão é que surgiu o número de 200 empregados do art. 11, Constituição Federal (BRASIL, 1988), a fim de não comprometer a representação de trabalhadores em empresas pequenas, assim consideradas aquelas com menos de 200 empregados.

O Ministério Público do Trabalho, em uma posição bastante discutida por representantes de empregados ou dos próprios empregadores, elaborou a Notificação Recomendatória, de âmbito nacional, n. 1, de 2011 (BRASIL, 2011), que beira a interpretação de que não seriam meras recomendações, mas imposições diante do prazo de 90 dias concedido às empresas ou a ameaça de submissão da questão ao Judiciário. No referido instrumento, o órgão ministerial restringe a participação do sindicato à organização das eleições para a escolha de representantes dos trabalhadores daquela determinada empresa, e em caso de conflito entre duas entidades em relação à mesma empresa ou na hipótese de os próprios trabalhadores pretenderem tomar tal iniciativa, será possível o afastamento da representação sindical[25].

O Ministério Público do Trabalho, na aludida Notificação Recomendatória (BRASIL, 2011), propõe "um representante por quadro de duzentos trabalhadores", em análise ao art. 11 da Constituição Federal (BRASIL, 1988).

---

(24) "É possível fazer uma crítica à sindicalização por empresa: a possibilidade de cooptação do sindicato pelo empregador. É infundada no caso de grandes empresas. Pode acontecer no interior de pequenas e microempresas [...]" [grifo nosso]

(25) "RECOMENDA, ainda, aos sindicatos profissionais: 6. ORGANIZAR a eleição para escolha do representante dos trabalhadores e suplentes, salvo na hipótese em que os próprios trabalhadores tomem tal iniciativa ou em que haja conflito entre dois ou mais sindicatos legitimados interessados na condução das eleições na empresa, caso em que o Ministério Público do Trabalho se dispõe a mediar o impasse ou determinar providências para a realização do pleito". (BRASIL, 2011) [grifo nosso]

Verifica-se que a quantidade de representados é diretamente proporcional à relação que se estabelece entre os representantes e representados. Vale dizer, quanto maior é a quantidade de representados mais impessoal é a representação, aferível quando parte da doutrina critica sindicatos ecléticos que sequer teriam contato com todos os seus representados. Quanto menor a quantidade de trabalhadores representados dentro da empresa, mais particular e acessível se torna essa representação interna.

Assim é por que o art. 11 da Constituição Federal (BRASIL, 1988) preconiza a quantidade de 200 empregados. A tutela de direitos dentro de empresas com um número menor de trabalhadores pode ser feita diretamente, sem a necessidade de um único representante. É a fim de propiciar facilidade no canal de comunicação entre trabalhadores e empregadores que se coloca a quantidade de 200 empregados, portanto.

O Anteprojeto das Relações Coletivas de Trabalho que foi publicado no Diário Oficial da União de 20 de janeiro de 1993 (BRASIL, 1993), acima transcrito, deixava ao critério das partes a quantificação de representantes dentro da empresa:

> Art. 39. Respeitado o disposto no art. 11 da Constituição, o representante do trabalhador e o empregador, de comum acordo, deliberarão sobre a proporcionalidade da representação.

O referido anteprojeto, esquecido e que chegou a ser apresentado pelo ex-ministro do Trabalho, João Mellão Neto, como Projeto de Lei n. 390 de 1995 (BRASIL, 1995) à Câmara dos Deputados, entregava ao empregador e ao representante dos trabalhadores a responsabilidade pela fixação da proporcionalidade da representação dentro da empresa, respeitando a quantidade mínima inserta no art. 11 da Constituição Federal (BRASIL, 1988).

6.4. Atribuições e limites do comitê

Em Portugal, cuja legislação é semelhante à do Brasil, os comitês de trabalhadores possuem uma função delegada pelo sindicato, a quem é concedida a titularidade da negociação coletiva, tal como leciona Maria do Rosário Palma Ramalho (2009, p. 92-93):

> [...] coloca-se o problema do âmbito de incidência desta actuação das comissões de trabalhadores, que a lei reporta expressamente aos associados da associação sindical que mandate a comissão de trabalhadores (ou outra estrutura não sindical representativa de trabalhadores) para a outorga do instrumento de regulamentação colectiva do trabalho. Este âmbito limitado de incidência do instrumento de regulamentação colectiva do trabalho reforça a ideia de que a comissão de trabalhadores actua no exercício de poderes delegados pela associação sindical: na verdade, é porque o titular dos poderes de negociação e de contratação colectiva é a associação sindical que tal delegação de poderes noutra entidade se repercute apenas nos contratos de trabalho dos trabalhadores filiados naquele sindicato.

Ainda que se preveja a competência delegada e residual dessas comissões, a questão maior é a preocupação em dar efetividade às garantias fundamentais, independentemente se uma negociação coletiva ocorre com entidade sindical ou por meio dos comitês de empresas.

Em 23 de abril de 1963, foi publicado no Diário Oficial da União o Projeto de Código do Trabalho elaborado por Evaristo de Moraes Filho, a convite do ministro João Mangabeira (BRASIL, 1963). Em 15 de julho de 1965, após ser revisto, esse projeto foi apresentado ao ministro Milton Campos e deixou de ser aproveitado, mantendo-se os direitos materiais e processuais do trabalho compilados na CLT (BRASIL, 1943).

No referido projeto, havia a previsão das funções sociais e econômicas do conselho de empresa, no Título VI (Da organização da empresa), Capítulo II (Dos conselhos de empresa)[26], destacando-se: a) receber queixas e tentar dirimi-las no âmbito da empresa; b) participar da elaboração de regimento interno; c) ser consultado sobre dispensa e transferência de trabalhadores; d) participar da gestão de obras sociais; e) estudar as sugestões apresentadas pelo pessoa com o objetivo de aumentar a produção; f) ser informado sobre os lucros da empresa, emitindo sugestões sobre a sua aplicação (BRASIL, 1963).

Afere-se, portanto, um cuidado cada vez maior no perfil comportamental da empresa, em uma preocupação social efetiva com a participação de trabalhadores dentro da empresa que não se limitariam a mera promoção do entendimento direto com o empregador. Nesse sentido, leciona Octavio Bueno Magano (1986, p. 87):

> Há, portanto, sinais evidentes da propensão de seguir o Brasil, nesta matéria, o padrão estabelecido pelas legislações trabalhistas mais modernas.

> Os traços característicos do apontado padrão denotam que o poder de direção nas empresas não pertence mais exclusivamente ao empregador. Os seus interesses, não há dúvida, ainda são hegemônicos.

A propensão do Brasil, como defendido pelo doutrinador, é defender a participação dos trabalhadores nas decisões empresariais que, sob o aspecto ético, se caracteriza como instrumento destinado a favorecer o desenvolvimento da personalidade do trabalhador.

Fernando Hugo R. Miranda (2012, p. 1498) nos mostra, ainda, a estrutura de negociação alemã, na qual a negociação mais genérica é concedida aos sindicatos, cabendo

---

(26) "Art. 606. As funções sociais do conselho de emprêsa são as seguintes: a) propor no empregador medidas em favor da empresa e do pessoal; b) velar pela aplicação das leis, convenções coletivas, sentenças judiciárias e decisões das autoridades administrativas; c) receber as queixas dos empregados e, se forem justificadas, esforçar-se por lhes dar solução favorável, através de gestões junto ao empregador; d) ser sempre consultado, dando o seu parecer sôbre dispensa e transferência de empregados; e) elaborar, juntamente com o empregador, o regulamento interno da emprêsa ou do estabelecimento ou os planos de participação nos lucros; f) colaborar com o empregador na elaboração e na aplicação das medidas tendentes a prevenir os acidentes do trabalho; g) participar da gestão das obras sociais estabelecidas na emprêsa, em benefício dos empregados ou suas famílias, nas condições que serão fixadas por decreto do Poder Executivo. Art. 607. Na ordem econômica, como órgão consultivo, exerce o conselho as seguintes atribuições: a) Estudar as sugestões emitidas pelo pessoal, com o objetivo de aumentar a produção e melhorar o rendimento da empresa, e propor a aplicação das sugestões que lhe pareçam viáveis. Pode emitir propostas concernentes à organização geral da emprêsa; b) Propor qualquer recompensa que lhe pareça merecida, em favor dos empregados que lhe tenham levado, por sua iniciativa e sugestões, colaboração particularmente útil à empresa; c) Deve ser obrigatoriamente consultado sobre questões que interessem à organização, a gestão e a marcha geral da emprêsa; d) Deve ser obrigatoriamente informado dos lucros da emprêsa, podendo emitir sugestões sobre a sua aplicação. Parágrafo único. O empregador deverá fazer ao conselho de emprêsa, pelo menos uma vez por ano, um relatório de conjunto sôbre a atividade da emprêsa, assim como sobre a sua aplicação."

aos conselhos de trabalho uma negociação mais específica. Ou seja, há o mecanismo mais sutil de coordenação do modelo alemão, que é representado pela "coordenação conjunta" (*join co-ordination*) e pela "negociação por padrão" (*pattern bargaining*):

> [...] Em relação à primeira — coordenação conjunta — um acordo geral prevendo normas mínimas é estabelecido no nível da categoria, deixando para o nível da empresa negociações sobre os detalhes pertinentes. Na segunda — negociação por padrão —, uma certa convenção, como a do setor metalúrgico, por exemplo, é intitulada como piloto, passando a representar um padrão a ser referenciado em negociações em curso em outras regiões ou mesmo categorias.
>
> Os conselhos de trabalho, por seu turno, possuem uma gama de prerrogativas de codeterminação. Embora não possam, por exemplo, negociar salários, podem acordar sobre formas de pagamento. Não obstante sua falta de poderes para deflagrar um movimento grevista, os conselhos de trabalho costumam usar parte de suas prerrogativas para negociar aspectos que estão fora de seu campo normal de atuação. Como exemplo, é possível indicar a existência de negociações salariais no âmbito da empresa que se dão pela via transversa da melhoria da classificação de empregados nos quadros de carreiras definidos nos ajustes coletivos. (MIRANDA, 2012. p. 76-12/1.498)

Como visto, na Alemanha há o sistema dual e subnacional. Mostra-nos Fernando Miranda (2012) que a negociação envolve, no nível mais amplo, sindicatos profissionais e associações de empregadores — que seriam definidos no Brasil como sindicatos de categoria econômica —, enquanto no nível da empresa figuram os conselhos de empresa (*work councils*) e empregadores.

A Constituição Federal (BRASIL, 1988) em seu art. 11 prevê a competência do comitê de representantes de empresas para a finalidade exclusiva de promover o entendimento direto dos empregados com os empregadores. Ao que se demonstra, tratar-se-ia de uma competência residual, havendo o óbice previsto no art. 8º, VI, da Constituição Federal (BRASIL, 1988), de obrigatoriedade de participação da entidade sindical na negociação coletiva.

O conteúdo negociado pelo comitê de trabalhadores deve respeitar o *caput* do art. 7º da Constituição Federal (BRASIL, 1988), sendo vedado o retrocesso social que, nas palavras de Ingo Wolfgang Sarlet (2009, p. 124):

> Ainda que se diga que no campo das restrições aos direitos fundamentais sociais a noção de limites dos limites dos direitos fundamentais (gênero ao qual pertencem os direitos sociais) substitui por completo e com vantagens a de proibição de retrocesso, percebe-se que a noção de proibição do retrocesso (aqui afinada com a ideia de proibição de regressividade difundida no Direito Internacional), especialmente quando empregada para balizar a tutela dos direitos sociais, assume uma importância toda especial, mesmo que,

como já frisado, atue como elemento argumentativo adicional, a reforçar a necessidade de tutela dos direitos sociais contra toda e qualquer medida que implique em supressão ou restrição ilegítima dos níveis vigentes de proteção social.

O comitê de representantes estaria limitado à proibição do retrocesso social, garantindo-se o mínimo existencial dos trabalhadores representados. As deliberações a serem submetidas para a assembleia de trabalhadores deverão observar as garantias mínimas dos direitos trabalhistas, de acordo com o *caput* do art. 7º da Constituição Federal (BRASIL, 1988). Os direitos sociais devem ser respeitados pelo Estado e, por via de consequência, aos próprios particulares, em uma relação horizontal, como será abordado mais adiante.

A hipotética revogação de direitos sociais somente seria possível mediante uma contrapartida, tal como leciona Canotilho (2002, p. 336), para quem é

> [...] inconstitucional qualquer medida tendente a revogar os direitos sociais já regulamentados, sem a criação de outros meios alternativos capazes de compensar a anulação desses benefícios. Assim, em tese, somente seria possível cogitar na revogação de direitos sociais se fossem criados mecanismos jurídicos capazes de mitigar os prejuízos decorrentes da sua supressão.

Apontada como uma das primeiras manifestações judiciais na aplicação da vedação do retrocesso social, a decisão proferida pelo Tribunal Constitucional português, no Acórdão 39/84, que invalidou a lei que revogava uma parte da Lei do Serviço Nacional de Saúde do país (PORTUGAL, 1984), fundamentou que: "a partir do momento em que o Estado cumpre (total ou parcialmente) as tarefas constitucionalmente impostas para realizar um direito social, o respeito constitucional deste deixa de consistir (ou deixa de constituir apenas) numa obrigação positiva para se transformar ou passar também a ser uma obrigação negativa. O Estado, que estava obrigado a atuar para dar satisfação ao direito social, passa a estar obrigado a abster-se de atentar contra a realização dada ao direito social" (CANOTILHO, 2002. p. 475-476).

Outros entendem que foi na França que houve a primeira menção à proibição do retrocesso social, por meio da Decisão n. 83-165 DC, de 21 de janeiro de 1984 (FRANÇA, 1984), do Conselho Constitucional, que reconheceu no referido princípio (por ele chamado de "*effet cliquet*") a incidência aos direitos de liberdade. De acordo com Carlos Romeu Salles Correa (2012, p. 72), "Na jurisprudência francesa, a aplicação do princípio da proibição do retrocesso social não se limita aos direitos a prestações estatais, decorrentes do Estado do Bem-Estar Social, nem aos direitos sociais, abrangendo também as chamadas liberdades fundamentais".

Por essa razão é que o comitê de representantes deve observar as garantias fundamentais dos trabalhadores no momento de colocar em debate, nas assembleias, os interesses a serem negociados com o empregador.

No que se refere à participação de entidade sindical, o instrumento será firmado diretamente entre o sindicato e a empresa, tal como preconiza o art. 611, § 1º, CLT (BRASIL, 1943). Arnaldo Süssekind (2011, p. 432-433) defende a participação da entidade patronal como assistente da empresa:

> Destarte, porque o inciso constitucional não distinguiu entre sindicatos de trabalhadores e de empregadores, nem entre convenção e acordo coletivo, cumpre concluir que as entidades sindicais das duas classes terão de "participar" de todas as negociações coletivas. No entanto, os sindicatos de empregadores não assinarão, como partes, os acordos coletivos. O papel da associação sindical, nesse caso, será o de assistente. Assistência que se justifica, como poder moderador, visando a evitar um desnível acentuado nas condições de trabalho entre empresas da mesma categoria econômica.

A interpretação do doutrinador parte da leitura isolada do inciso XXVI do art. 7º da Constituição Federal (BRASIL, 1988), que não faz qualquer restrição, não cabendo ao intérprete fazê-lo. Contudo, entende-se que o inciso constitucional faz alusão ao reconhecimento das referidas normas que, por sua vez, são regulamentadas pelo art. 611, CLT (BRASIL, 1943), cujo § 1º é expresso em determinar a participação somente dos sindicatos representativos de categorias profissionais.

No caso de a entidade sindical profissional não ter se desincumbido da negociação a que se refere o art. 617, CLT, o comitê de trabalhadores firmará o acordo diretamente com a empresa, sem a necessidade da participação da entidade patronal, conquanto se respeite o entendimento doutrinário supramencionado.

A vedação do retrocesso social é, pois, o limite da negociação realizada por parte do comitê dos trabalhadores, que deverá pautar-se na melhoria das condições de vida dos empregados, à guisa do *caput* do art. 7º da Constituição Federal (BRASIL, 1988). A subsidiariedade da negociação coletiva por parte do comitê, que será estudada de forma mais detalhada no capítulo oitavo, permite à representação assumir a negociação.

Assumindo as tratativas, caberá aos representantes observar o mínimo existencial dos trabalhadores dentro da empresa, somente se viabilizando uma revogação de direitos sociais caso se criem mecanismos jurídicos capazes de mitigar os prejuízos decorrentes da supressão, conforme doutrina supramencionada.

Outra função que é apontada pela doutrina que o Comitê pode exercer é a de ouvidoria. Antonio Carlos Aguiar relata a experiência da figura do *ombudsman* ocorrida no jornal *Folha* de quando o jornalista Caio Túlio Costa assumiu a função de aprimorar a relação da redação da empresa com os seus leitores, ao receber mais de vinte mil reclamações. Destaca-nos três valores que entende relevantes para o desempenho dessa figura (2011, p. 146):

> Aperfeiçoamento constante, respeito e comunicação eficaz. Valores fundamentais para sustentabilidade dos princípios fundamentais a serem observados numa relação de trabalho. Logo, vê-se que a transposição dessa

figura para a relação coletiva de trabalho é mais do que viável. É urgente. Principalmente quando, como visto anteriormente, o estabelecimento de códigos de conduta e de ética encontram espaços cada vez mais largos dentro das empresas e quando os índices sobre *investimentos* em seus empregados implicam valor agregado ao preço final dos produtos, bem como uma valorização considerável do valor das suas ações em bolsa.

A aplicação desses valores inerentes às relações de consumo é sugerida nas relações internas empresariais a fim de permitir valor agregado para a própria empresa, bem como uma democracia maior interna. Por meio do *ombudsman* sindical é possível que os empregados se valham do Comitê e de representantes para o recebimento de reclamações, sugestões ou críticas da relação trabalhista. Nesse caso, incide diretamente o *princípio do sigilo das informações* em que esse representante deverá preservar o sigilo e responder pela responsabilidade civil no caso de divulgação das reclamações dos trabalhadores que coloquem em risco o contrato de trabalho de qualquer empregado.

6.5. Quórum de deliberação e registro da ata de assembleia

O § 1º do art. 617 da CLT (BRASIL, 1943) autoriza o comitê de empregados a prosseguir na negociação coletiva diretamente com o empregador quando o sindicato não se desincumbe do encargo recebido, como será visto mais adiante. O § 2º do mesmo artigo exige o quórum preconizado pelo art. 612 da CLT (BRASIL, 1943), que prevê o comparecimento e votação, em primeira convocação, de dois terços dos associados, caso se trate de convenção, e dos interessados, no caso de acordo, em segunda, de um terço dos membros.

No que se refere ao quórum previsto no art. 612 da CLT (BRASIL, 1943), e sua recepção pela Constituição Federal (BRASIL, 1988), há que ser observado o entendimento do C.TST que cancelou a Orientação Jurisprudencial da Seção de Dissídios Coletivos (OJ SDC) n. 13 do Colendo Tribunal Superior do Trabalho (C.TST)[27]. Ou seja, o quórum previsto na CLT (BRASIL, 1943) era considerado constitucional, mas, em 24 de novembro de 2003, a referida Orientação Jurisprudencial, que entendia pela aplicação de seu art. 612, foi cancelada.

Tal fato decorre de que aceitar qualquer interferência na organização, criação e controle de entidade sindical é anuir com a indevida ingerência nos sindicatos[28], vedada pelo art. 8º, I, da Constituição Federal (BRASIL, 1988).

---

(27) LEGITIMAÇÃO DA ENTIDADE SINDICAL. ASSEMBLEIA DELIBERATIVA. "QUÓRUM" DE VALIDADE. ART. 612 DA CLT. Mesmo após a promulgação da Constituição Federal de 1988, subordina-se a validade da assembleia de trabalhadores que legitima a atuação da entidade sindical respectiva em favor de seus interesses à observância do "quórum" estabelecido no art. 612 da CLT.

(28) Para a OIT, por meio da Convenção Internacional n. 98 (OIT, 1949), art. 2º, item 2: "Serão particularmente identificados a atos de ingerência, nos termos do presente artigo, medidas destinadas a provocar a criação de organizações de trabalhadores dominadas por um empregador ou uma organização de empregadores, ou a manter organizações de trabalhadores por outros meios financeiros, com o fim de colocar essas organizações sob o controle de um empregador ou de uma organização de empregadores" [grifo nosso].

A aprovação do acordo coletivo por meio dos representantes da empresa será estabelecida pelas próprias partes na assembleia, que observará o quórum exigido pelo estatuto criado.

Dentro da concepção de democracia trazida no tópico anterior, e tendo em vista o que estabelecem o § 2º do art. 4º da Lei n. 7.783 de 1989 (BRASIL, 1989) e o § 2º do art. 617 da CLT (BRASIL, 1943), tem-se que as decisões tomadas pelo comitê de empregados devem ocorrer por meio de assembleias, em uma democracia direta, que é um meio de o povo externar sua manifestação de vontade e que pode ser, igualmente, semidireta ou representativa, como leciona Dalmo de Abreu Dallari (2000, p. 152-154):

> Sendo o Estado Democrático aquele em que o próprio povo governa, é evidente que se coloca o problema de estabelecimento dos meios para que o povo possa externar sua vontade. Sobretudo nos dias atuais, em que a regra são colégios eleitorais numerosíssimos e as decisões de interesse público muito frequentes, exigindo uma intensa atividade legislativa, é difícil, quase absurdo mesmo, pensar-se na hipótese de constantes manifestações do povo, para que se saiba rapidamente qual a sua vontade. Entretanto, embora com amplitude bastante reduzida, não desapareceu de todo a prática de pronunciamento direto do povo, existindo alguns institutos que são classificados como expressões de *democracia direta*.
>
> [...] Há vários outros institutos que, embora considerados por alguns autores como característicos da democracia direta, não dão ao povo a possibilidade de ampla discussão antes da deliberação, sendo por isso classificados pela maioria como representativos da *democracia semidireta*. Essas instituições são: o *referendum*, o *plebiscito*, a *iniciativa*, o *veto popular*, o *recall*.
>
> [...] A impossibilidade prática de utilização dos processos da democracia direta, bem como as limitações inerentes aos institutos de democracia semidireta, tornaram inevitável o recurso à *democracia representativa*, apesar de todas as dificuldades já reveladas para sua efetivação. Na democracia representativa o povo concede um mandato a alguns cidadãos, para, na condição de representantes, externarem a vontade popular e tomarem decisões em seu nome, como se o próprio povo estivesse governando.

O art. 11 da Constituição Federal (BRASIL, 1988) parece assumir uma posição de democracia representativa, assim como faz o art. 5º da Lei n. 7.783 de 1989[29] (BRASIL, 1989). Há uma eleição e a comissão eleita terá por finalidade a representação dos interesses dos trabalhadores de uma determinada empresa para a promoção do entendimento direto com os empregadores.

O que justifica a democracia de representação dentro da Teoria Geral do Estado é a inviabilidade de uma democracia direta em razão da amplitude do colégio eleitoral que impossibilita a aferição rápida da manifestação popular sobre determinado assunto.

---

(29) "Art. 5º: A entidade sindical ou comissão especialmente eleita representará os interesses dos trabalhadores nas negociações ou na Justiça do Trabalho."

O mesmo não ocorre, porém, no âmbito da empresa, ainda que seja de grande porte, porquanto poderão contar com recursos técnicos para a captação e transmissão de opiniões:

> No momento em que os mais avançados recursos técnicos para captação e transmissão de opiniões, como terminais de computadores, forem utilizados para fins políticos, será possível a participação direta do povo, mesmo nos grandes Estados. Mas para isso será necessário superar as resistências dos políticos profissionais, que preferem manter o povo dependente de representantes (DALLARI, 2000. p. 153).

A democracia direta por meio de assembleia de trabalhadores a que aludem o § 2º do art. 4º da Lei n. 7.783 de 1989 (BRASIL, 1989) e o § 2º do art. 617 da CLT (BRASIL, 1943) é um instrumento mais adequado de participação dos trabalhadores nas tomadas de decisões, por permitir a manifestação de vontade de todos os empregados interessados nas deliberações, assegurando-se uma maior aplicação dos direitos fundamentais de cada trabalhador que se manifestará diretamente por meio do voto e dos debates na assembleia.

A convocação da assembleia pode ocorrer pelo sindicato, pelos próprios trabalhadores interessados em estabelecer regras ou, em algumas hipóteses, pela empresa.

Trata-se de uma representação sindical destinada à defesa dos interesses dos trabalhadores; a negociação ocorre em nível de empresa e não conta com a participação do sindicato patronal, que é prescindível nas negociações, muito embora parte da doutrina entenda-a necessária para que se observe a concorrência entre as empresas, como visto na seção 6.4 deste trabalho.

No que se refere ao registro dessas atas[30], ele será feito no Registro de Títulos e Documentos a fim de dar publicidade ao instrumento celebrado, cumprindo-se a formalidade prevista no art. 127, I e VII, da Lei n. 6.015 de 1973 (BRASIL, 1973): "No Registro de Títulos e Documentos será feita a transcrição: I – dos instrumentos particulares, para a prova das obrigações convencionais de qualquer valor; VII – facultativo, de quaisquer documentos, para sua conservação".

O registro em cartório permite a conservação do documento e também que qualquer trabalhador possa, a qualquer tempo, requerer sua segunda via para, por exemplo, instrumentalizar seu processo judicial.

Cumprida essa formalidade de registro no cartório, o instrumento será registrado, igualmente, no Ministério do Trabalho e Emprego, que não terá competência para negar sua validade, de acordo com a Ementa Normativa n. 29 criada pela Portaria do Secretário das Relações do Trabalho — SRT n. 1 de 2006 (BRASIL, 2006):

> **CONVENÇÃO OU ACORDO COLETIVO DE TRABALHO. DEPÓSITO E REGISTRO. ANÁLISE DAS CLÁUSULAS.**

---

(30) Alvitra-se que o art. 2º, § 2º, da Lei n. 10.101 de 2000 (Participação nos Lucros e Resultados) (BRASIL, 2000) prevê o arquivamento do instrumento de acordo na entidade sindical dos trabalhadores.

O Ministério do Trabalho e Emprego não tem competência para negar validade a instrumento coletivo de trabalho que obedeceu aos requisitos formais previstos em lei, em face do caráter normativo conferido a esses instrumentos pelo art. 611 da Consolidação das Leis do Trabalho. Sua competência restringe-se ao registro e o arquivo das convenções e acordos coletivos depositados. A análise de mérito, efetuada após o registro dos instrumentos, visa apenas a identificar cláusulas com indícios de ilegalidade para fim de regularização administrativa ou encaminhamento ao Ministério Público do Trabalho.

Como se demonstra, o Ministério do Trabalho e Emprego não pode negar validade aos instrumentos firmados, mas poderá solicitar a regularização administrativa das cláusulas com indícios de ilegalidade ou mesmo remeter o acordo celebrado ao Ministério Público do Trabalho.

A Portaria n. 282, de 6 de agosto de 2007 (BRASIL, 2007), do Ministério do Trabalho e Emprego, criou o Sistema Mediador para fins de elaboração, transmissão, registro e arquivo, por via eletrônica, dos instrumentos coletivos de trabalho previstos nos arts. 614 e 615 da CLT. A intenção seria, portanto, dar maior publicidade ao instrumento celebrado pelas partes.

Contudo, o TST entendeu pela desnecessidade de registro do acordo no Ministério do Trabalho e Emprego, no aludido Sistema Mediador, entendendo tratar-se de uma faculdade conforme respeitável julgado proferido nos autos do processo Recurso de Revista n. 3802800-92.2009.5.09.0011:

> [...] MANDADO DE SEGURANÇA. "SISTEMA MEDIADOR". PORTARIA 282 DO MTE. FACULDADE. CONVALIDAÇÃO DO ATO DE ENTREGA DAS NORMAS COLETIVAS. APLICAÇÃO DO ART. 614 DA CLT. Nos termos do art. 614 da CLT, a vigência das Convenções e dos Acordos Coletivos de Trabalho está condicionada apenas à entrega de uma cópia do instrumento normativo no órgão do Ministério do Trabalho e Emprego, para fins de registro e arquivo. Logo, a entrega de forma digitalizada dos documentos poderá ser instituída por portaria como uma faculdade. Por isso, o depósito dos instrumentos coletivos de trabalho no órgão do Ministério do Trabalho e Emprego, no caso, Seção de Relações de Trabalho/DRT/PR, sem a utilização do denominado "Sistema Mediador", atende as exigências dessas normas coletivas, viola o art. 7º, inc. XXVI, 8º, inc. I, da Constituição da República e 614 da CLT. Recurso de Revista de que se conhece e a que se dá provimento. (TST, RR 3802800-92.2009.5.09.0011, 5ª Turma, Min. rel. João Batista Brito Pereira, j. 27.2.2013, DJe 8.3.2013)

Tem-se, pois, a desnecessidade do registro por meio do denominado Sistema Mediador criado pelo Ministério do Trabalho e Emprego, alvitrando-se que o registro se faz necessário a fim de verificar possíveis indícios de ilegalidade sem, contudo, negar validade.

6.6. Garantias aos representantes

As formas de garantias aos representantes se aplicam: a) a seu contrato de trabalho; e b) ao trabalho que desempenham.

No que se refere à garantia inerente ao contrato de trabalho, não há previsão legal que proteja expressamente o representante dos empregados de uma demissão por parte do empregador. Parte da doutrina questiona a extensão das normas internacionais que versam sobre as representações nos locais de trabalho. Conforme nos mostra Antonio

Rodrigues de Freitas Júnior (1989), citando Antonio Ojeda Aviles[31] (1980, p. 188 *apud* FREITAS JÚNIOR, 1989. p. 166):

> a terminologia usada no texto da Convenção n. 135 pode não propiciar satisfatoriamente garantias àqueles representantes eleitos com funções sindicais, bem como aos que, embora não sufragados em urna, possuam mandato outorgado diretamente por assembleia de pessoal.

Outra parte da doutrina, cite-se Arion Sayão Romita (2005, p. 350), entende pela proteção eficaz dos trabalhadores, especialmente contra despedida, em referência à mesma Convenção Internacional de n. 135 (OIT, 1971) mencionada acima, bem como à Recomendação n. 143 (OIT, 1975):

> Nos termos da convenção, os representantes dos trabalhadores na empresa devem dispor de uma proteção eficaz contra todas as medidas que possam causar-lhes prejuízo, inclusive a despedida, que sejam motivadas por sua qualidade ou suas atividades como representantes dos trabalhadores, sua filiação sindical ou sua participação nas atividades sindicais. Devem ser concedidas facilidades para o exercício eficaz e rápido de suas funções. Tais garantias e facilidades devem ser atribuídas tanto aos representantes sindicais quanto aos representantes eleitos pelo pessoal.

No mesmo sentido de proteção aos contratos de trabalho dos representantes, sustenta Amauri Mascaro Nascimento (2011, p. 379) que:

> Os representantes devem ter garantias para o exercício das suas atribuições, sem as quais seriam passíveis de atos discriminatórios do empregador. A Convenção n. 135 da Organização Internacional do Trabalho e a Recomendação n. 143 do mesmo organismo defendem essas garantias, que podem ir até a estabilidade no emprego.

A estabilidade no emprego é medida destinada à prevenção para que o trabalhador possa desempenhar suas atividades de maneira pacífica. O art. 543, § 3º, da CLT (BRASIL, 1943) veda a dispensa de associado de representação profissional:

> Fica vedada a dispensa do empregado sindicalizado ou associado, a partir do momento do registro de sua candidatura a cargo de direção ou representação de entidade sindical ou de associação profissional, até 1 (um) ano após o final do seu mandato, caso seja eleito, inclusive como suplente, salvo se cometer falta grave devidamente apurada nos termos desta Consolidação.

Como visto, o fundamento jurídico da representação dos trabalhadores na empresa é o direito de associação, entendida como tal aquela de representação profissional. Pelo § 3º do art. 543 da CLT (BRASIL, 1943) há proibição da dispensa desse empregado ligado à associação profissional que representa os trabalhadores dentro da empresa.

---

(31) AVILES, Antonio Ojeda. *Derecho sindical.* Madrid: Tecnos, 1980.

O *caput* do art. 543 da CLT (BRASIL, 1943) faz distinção entre empregado para cargo de administração sindical e empregado eleito para cargo de representação profissional. Por essa razão é que se infere pela aplicabilidade do referido § 3º aos representantes dos trabalhadores dentro da empresa, que não se confundem com o dirigente sindical.

Sendo reconhecida a estabilidade do representante dos empregados, há que ser perquirida a necessidade de instauração de inquérito para apuração de falta grave nos termos do art. 853 da CLT[32] (BRASIL, 1943). Cuida-se de uma ação judicial de conhecimento cujo autor, em regra, será o empregador. No entanto, para parte da doutrina, essa necessidade da instauração de inquérito para apuração de falta grave restringe-se à estabilidade adquirida de forma definitiva, conforme Valentin Carrion (2007, p. 706):

> A estabilidade que exige inquérito para o despedimento é a definitiva, decorrente do contrato de trabalho por 10 anos (art. 442/8), sem a antiga opção pelo FGTS e anterior à CF de 1988 (art. 477/2) ou os que alcançaram o privilégio por tê-lo pactuado com o empregador (art. 492/2). Não alcançaria a estabilidade provisória, tais como a dos membros da CIPA (art. 164), cooperativa (art. 492), gestante (art. 391) ou sindical (art. 543); a jurisprudência dominante, no entanto, vê no inquérito formalidade indispensável.

A doutrina acusa a distinção entre garantia de emprego e estabilidade como critério diferenciador da necessidade de concessão da instauração do inquérito para apuração da falta grave. O art. 853 da CLT[33] (BRASIL, 1943) faz menção da instauração do procedimento contra o empregado garantido com estabilidade.

Mauricio Godinho Delgado (2011) faz a distinção entre os institutos da estabilidade e da garantia de emprego. Para o doutrinador, a estabilidade "é a vantagem jurídica de caráter permanente deferida ao empregado em virtude de uma circunstância tipificada de caráter geral, de modo a assegurar a manutenção indefinida no tempo do vínculo empregatício, independente da vontade do empregador" (DELGADO, 2011, p. 1.184). A garantia de emprego, por sua vez,

> é a vantagem jurídica de caráter transitório deferida ao empregado em virtude de uma circunstância contratual ou pessoal obreira de caráter especial, de modo a assegurar a manutenção do vínculo empregatício por um lapso temporal definido, independente da vontade do empregador (DELGADO, 2011. p. 1.190).

Ocorre, porém, que mesmo fazendo distinção entre os institutos, Delgado (2011) reporta-se à mesma jurisprudência a que Valentim Carrion (2007) fez alusão. Trata-se

---

(32) "Art. 853. Para a instauração do inquérito para apuração da falta grave contra empregado garantido com estabilidade, o empregador apresentará reclamação por escrito à Junta ou Juízo de Direito, dentro de 30 dias, contados da data da suspensão do empregado."

(33) "Art. 853. Para a instauração do inquérito para apuração de falta grave contra empregado garantido com estabilidade, o empregador apresentará reclamação por escrito à Junta ou Juízo de Direito, dentro de 30 (trinta) dias, contados da data da suspensão do empregado."

da Súmula n. 379 do TST[34] (BRASIL, 2005), bem como da Súmula n. 197[35] do STF (BRASIL, 1963), que exigem a instauração do inquérito ao dirigente sindical, cujas garantias são estendidas aos empregados eleitos diretores de sociedades cooperativas nos termos do art. 55 da Lei n. 5.764 de 1971[36] (BRASIL, 1971).

Cuida-se de estabilidades provisórias, mas a jurisprudência — ou a lei em uma extensão dos efeitos — exige a instauração de inquérito para apuração de falta grave.

Antes de se passar ao entendimento do Tribunal Superior Tribunal do Trabalho, há que ser alvitrado que os Precedentes Normativos são verbetes editados pelo TST com finalidade programática de inserção em normas coletivas ou pautar sentenças normativas pelos Tribunais nos julgamentos de Dissídios Coletivos. Não tem eficácia normativa, portanto, e muito menos se aplica em Dissídios Individuais. Nesse estudo, faz-se a sua citação com o mero desiderato de ilustrar o entendimento jurisprudencial e a sua importância em constar em normas coletivas (convenções ou acordos coletivos).

É a norma coletiva que concederá, pois, as garantias a esses representantes, seja na Convenção Coletiva — entendida como tal aquela firmada entre os sindicatos da categoria profissional e econômica — ou mesmo em acordos coletivos que é o instrumento coletivo firmado entre o sindicato da categoria profissional e a empresa diretamente. Nessa última hipótese, ao firmar o acordo para estabelecer direitos trabalhistas e a criação do Comitê de Trabalhadores, as partes poderão estabelecer as garantias, dentre elas a estabilidade provisória de emprego.

Feita essa ressalva, e mais uma vez alvitrando o propósito de tão somente demonstrar a sugestão do Tribunal Superior do Trabalho, cita-se o Precedente Normativo n. 86 da Seção de Dissídios Coletivos[37]. Neste há a previsão da garantia de emprego aos representantes de trabalhadores nas empresas, os quais, assumindo mandato eletivo, teriam uma estabilidade provisória por um determinado lapso temporal.

O art. 543 da CLT (BRASIL, 1943) coloca o empregado eleito de representação profissional em igualdade àquele eleito para cargo de administração sindical, reforçando-se tal entendimento pela jurisprudência do TST, que editou o Precedente Normativo n. 86 supramencionado. Logo, os representantes dos trabalhadores eleitos nos termos do art. 11

---

(34) "DIRIGENTE SINDICAL. DESPEDIDA. FALTA GRAVE. INQUÉRITO JUDICIAL. NECESSIDADE (conversão da Orientação Jurisprudencial n. 114 da SBDI-1) – Res. n. 129/2005, DJ 20, 22 e 25.4.2005 O dirigente sindical somente poderá ser dispensado por falta grave mediante a apuração em inquérito judicial, inteligência dos arts. 494 e 543, § 3º, da CLT. (ex-OJ n. 114 da SBDI-1 – inserida em 20.11.1997)"

(35) "O empregado com representação sindical só pode ser despedido mediante inquérito em que se apure falta grave."

(36) "Art. 55. Os empregados de empresas que sejam eleitos diretores de sociedades cooperativas pelos mesmos criadas, gozarão das garantias asseguradas aos dirigentes sindicais pelo art. 543 da Consolidação das Leis do Trabalho (Decreto-lei n. 5.452, de 1º de maio de 1943)."

(37) Nesse sentido, o Precedente Normativo n. 86 da Seção de Dissídios Coletivos do C.TST, muito embora essa forma de normatização se aplique na elaboração de Convenções Coletivas, prevê a garantia de emprego aos representantes dos trabalhadores: "REPRESENTANTES DOS TRABALHADORES. ESTABILIDADE NO EMPREGO (POSITIVO). Nas empresas com mais de 200 empregados é assegurada a eleição direta de um representante, com as garantias do art. 543, e seus parágrafos, da CLT".

da Constituição Federal (BRASIL, 1988) também deverão ser submetidos ao processo de inquérito para apuração de falta grave.

No que tange à garantia ao trabalho desempenhado, as normas internacionais estabelecem que devem ser concedidas facilidades para que os representantes de trabalhadores desempenhem suas atividades da melhor e mais rápida maneira.

Essas concessões de facilidades não devem entravar o funcionamento da empresa. Os representantes dos empregados devem observar os critérios traçados pela Convenção Internacional n. 135 da OIT (OIT, 1971), a fim de que não obste o funcionamento empresarial, conforme seu art. 2º:

> Art. 2º 1. Facilidades devem ser concedidas, na empresa, aos representantes dos trabalhadores, de modo a possibilitar-lhes o cumprimento rápido e eficiente de suas funções.
>
> 2. Em relação a esse ponto, devem ser levadas em consideração as características do sistema de relações profissionais que prevalecem no país bem como das necessidades, importância e possibilidades da empresa interessada.
>
> 3. A concessão dessas facilidades não deve entravar o funcionamento eficiente da empresa interessada.

Ou seja, o ingresso de representantes na empresa não deve entravar seu funcionamento eficiente, sob o risco de restar caracterizado o abuso de direito que acarreta em conduta ilícita, a qual é vedada pelo art. 187 do Código Civil (BRASIL, 2002).

O mesmo pode ocorrer em relação à empresa que impede o sindicato de adentrar no local de trabalho para desempenhar suas funções. A boa-fé deve integrar todas as relações entre sindicato, empresa, trabalhadores e o próprio Estado.

Negociado um determinado momento para a realização da assembleia dentro do local de trabalho, sem prejuízos ao exercício do objeto social, a reunião ocorrerá para deliberação e aprovação das reivindicações.

6.7. Personalidade jurídica dos comitês

Como visto, a Constituição Federal (BRASIL, 1988) em seu art. 11 consolida o direito de os trabalhadores elegerem um representante para promover o entendimento direto com o empregador. A natureza da negociação ocorre dentro de uma coletividade de trabalhadores inseridos na empresa, o que levaria à conclusão de que o comitê de representantes seria pessoa jurídica coletiva.

O fundamento jurídico da representação de trabalhadores na empresa é o direito de associação, expressando-se como resultado de um natural impulso associativo dos trabalhadores, tendo guarida no direito de participação e representação dos empregados dentro do conceito de função social de empresa, de modo que o empregador detém o poder de comando, e a representação dos trabalhadores é uma forma de criar um equilíbrio no exercício dos poderes de direção do empregador (NASCIMENTO, 2011. p. 378).

Complementa Nascimento (2011, p. 379) que "As representações não têm personalidade jurídica. Porém, nada impede que o direito processual lhes confira legitimidade para agir em juízo e para assinar acordos coletivos de trabalho aplicáveis na unidade produtiva, como na Itália".

Vai nesse sentido a conceituação de representação extraída do dicionário jurídico de De Plácido e Silva (1993, p. 1.351):

> Juridicamente, a representação é a instituição, de que se derivam poderes, que investem uma determinada pessoa de autoridade para praticar certos atos ou exercer certas funções, em nome de alguém. Em qualquer hipótese, a representação exerce a precípua função de trazer ao cenário jurídico a pessoa que age, investindo a personalidade de outrem ou personalizando uma instituição ou corporação, como se fora o próprio representado, isto é, o substituído.

Em Portugal, o Código do Trabalho (PORTUGAL, 2012) preconiza, em seu art. 416º, que:

> 1 – A comissão de trabalhadores adquire personalidade jurídica pelo registo dos seus estatutos pelo serviço competente do ministério responsável pela área laboral.
>
> 2 – A capacidade da comissão de trabalhadores abrange todos os direitos e obrigações necessários ou convenientes para a prossecução dos seus fins.

No Brasil, apesar de o art. 11 da Constituição Federal (BRASIL, 1988) ser de eficácia plena, não há regulamentação sobre a necessidade de registro para início da personalidade jurídica do Comitê ou a sua legitimidade processual atribuída por legislação trabalhista, como ocorre na Itália, mostrado acima por citação doutrinária.

Como visto, para finalidade de negociação, o art. 617 da CLT (BRASIL, 1943) preconiza que os interessados poderão celebrar acordo coletivo de trabalho caso a entidade sindical não se desincumba do encargo recebido. Não há menção expressa do legislador para que o prosseguimento negocial dos trabalhadores ocorra somente depois de haver o registro de seu estatuto no cartório. Mesmo no art. 5º da Lei n. 7.783/89, o legislador não condicionou ao registro do estatuto para a atuação da comissão especialmente eleita para representar os trabalhadores nas negociações ou na Justiça do Trabalho para o exercício da greve. E onde o legislador não fez restrição, não cabe ao intérprete fazê-lo.

Contudo, há que ser retomada a análise do comitê sob o viés de uma associação civil de trabalhadores que elegem o seu representante, direito fundamental previsto no art. 5º, XVII e XXI, e art. 11, todos da Constituição Federal (BRASIL, 1988). Nesse caso, a sua existência legal inicia-se com a inscrição do ato constitutivo no respectivo registro, de acordo com o art. 45 do Código Civil (BRASIL, 2002), permitindo que o Comitê desempenhe outros papéis e que não se restrinja às negociações coletivas que, muito embora seja o principal interesse dos trabalhadores visando à melhoria das relações de trabalho, pode ultrapassar os limites laborais para conceder benefícios na vida pessoal do trabalhador e de sua família, passando-se a adotar um aspecto, por que não, assistencialista como ocorre com os sindicatos. Para isso, o registro se torna necessário por exigência de outras leis, por exemplo, de incentivos fiscais para a realização de eventos culturais, esportivos ou assistenciais.

O registro do Estatuto em Cartório concede uma segurança jurídica para o próprio Comitê, legitimando-o a negociar, bem como para terceiros que participarão da negociação, especialmente o empregador que saberá que a associação de trabalhadores que existe internamente existe legalmente e dotada de personalidade jurídica.

Dito isso, passa-se à análise da legitimidade ativa do Comitê que decorre do inciso XXI do art. 5º da Constituição Federal (BRASIL, 1988). Em análise da legitimidade *ad causam* da Associação dos Aposentados do Banespa, o TST atribui-lhe a legitimidade, de acordo com o próprio art. 5º, XXI, da Constituição Federal (BRASIL, 1988):

> PRELIMINAR DE NÃO CABIMENTO DA AÇÃO CIVIL PÚBLICA NA ESFERA TRABALHISTA E DE ILEGITIMIDADE ATIVA DA ASSOCIAÇÃO.
>
> A ação civil pública é um instrumento de defesa dos interesses da sociedade, direitos e interesses metaindividuais, que encontra fundamento legal na Lei n. 7.347/85 — Lei da Ação Civil Pública — e na Lei n. 8.078/90 — Código de Defesa do Consumidor. Esse, em seu art. 81, inciso III, prevê o cabimento de ações coletivas para salvaguardar direitos ou interesses individuais homogêneos, que são, segundo o Supremo Tribunal Federal, subespécies de direitos coletivos (RE n. 163.231-3/SP, Tribunal Pleno, relator Ministro Maurício Corrêa, DJ de 29.6.2001) e decorrem de uma origem comum.
>
> No Direito do Trabalho, a referida ação coletiva é um mecanismo de proteção dos direitos sociais constitucionalmente garantidos e, uma vez verificada a lesão ou ameaça de lesão a direito difuso, coletivo ou individual homogêneo decorrente da relação de trabalho, será cabível a ação civil pública na esfera trabalhista.
>
> Quanto à legitimidade para a propositura da ação civil pública no âmbito trabalhista, tem-se que as associações, assim como no âmbito civil, também estão legitimadas, desde que possuam, dentre seus fins sociais, a defesa dos direitos de seus associados, registrando-se a incompatibilidade, *in casu*, entre os interesses do sindicato e os dos substituídos. Recurso de revista não conhecido. (TST, RR-424-1998-036-02-00.6, 2ª Turma, Min. rel. Vantuil Abdala, j. 25.6.2008, DJe 15.8.2008)

Na fundamentação do referido julgado, o TST entendeu a legitimidade da associação, muito embora o banco tenha alegado em suas contrarrazões que o sindicato seria o legitimado para ajuizar o processo:

> [...] A legitimidade das associações para representar seus filiados tem *status* constitucional, pois prevista no art. 5º, inciso XXI, da Carta Magna, *in verbis*: "Art. 5º (*omissis*) (...) XXI – as entidades associativas, quanto expressamente autorizadas, têm legitimidade para representar seus filiados judicial ou extrajudicialmente".
>
> [...]
>
> E, mais especificamente quanto ao objeto desta ação, verifica-se que consta do art. 2º, inciso II, dos seus estatutos que a AFABESP tem por objetivos "representar os interesses dos aposentados junto ao Banco do Estado de São Paulo S.A., empresas e entidades a ele vinculadas, existentes ou que venham a ser criadas, bem como a entidades previdenciárias e aos Poderes Públicos". Ou seja, foi criada com o intuito de proteger os interesses e os direitos dos aposentados do Banespa, decorrentes da relação de emprego, direitos sociais constitucionalmente garantidos, tais quais os defendidos pelo Ministério Público do Trabalho.

[...] (TST, RR-424-1998-036-02-00.6, 2ª Turma, Min. rel. Vantuil Abdala, j. 25.6.2008, DJe 15.8.2008) (BRASIL, 2008)

Destaca-se a parte em que o TST faz a diferença para a legitimidade da associação que representa os aposentados, cujos interesses divergem de uma coletividade. No julgado, o tribunal vale-se da decisão proferida pelo STF no sentido de que os direitos individuais homogêneos são subespécies do direito coletivo:

> Interesses difusos são aqueles que abrangem número indeterminado de pessoas unidas pelas mesmas circunstâncias de fato e coletivos aqueles pertencentes a grupos, categorias ou classes de pessoas determináveis, ligadas entre si ou com a parte contrária por uma relação jurídica base. A indeterminidade é a característica fundamental dos interesses difusos e a determinidade a daqueles interesses que envolvem os coletivos. Direitos ou interesses homogêneos são os que têm a mesma origem comum (art. 81, III, da Lei n. 8.078, de 11 de setembro de 1990), constituindo-se em subespécie de direitos coletivos. (RE-163.231-3/SP, Tribunal Pleno, relator Ministro Maurício Corrêa, DJ de 29.6.2001). (BRASIL, 2001)

Tratando-se de subespécie de direito coletivo, para o tribunal, haveria a legitimidade de a associação ajuizar a demanda para a defesa de seus associados, cujos interesses, muitas vezes, podem destoar daqueles dos trabalhadores que estão com o contrato de trabalho em vigência:

> Quanto à alegação do recorrente de que somente o sindicato teria legitimidade para propor a ação civil pública, tem-se que não se está pleiteando, neste caso, direito de uma categoria determinada, mas dos filiados da Associação.
>
> Nada impede que empregados filiados a um determinado sindicato reivindiquem judicialmente por meio de sua associação, direitos cuja defesa compõem objeto desta (associação), mormente no caso dos autos, em que os associados são aposentados, cujos interesses, muitas vezes, destoam daqueles dos empregados da ativa.
>
> [...] Assim, não há falar em ofensa aos arts. 5º, inciso XX, 8º, *caput* e incisos III e V, da Constituição Federal, 513, alínea "a", e 515 da CLT, 62, inciso IV, e 81, parágrafo único, da Lei n. 8.078/90, e 6º, inciso IV, alínea "d", e 83 inciso III, da Lei Complementar n. 75/93.
>
> [...] Ante todo o exposto, não conheço do recurso de revista. (TST, RR-424-1998-036-02-00.6, 2ª Turma, Min. rel. Vantuil Abdala, j. 25.6.2008, DJe 15.8.2008) (BRASIL, 2008)

Reconhecida a personalidade jurídica do Comitê de Representantes, há que ser analisada a responsabilidade civil pela prática de atos no desempenho de suas atividades.

6.8. Responsabilidade civil dos comitês

Para se atribuir a responsabilidade civil de uma pessoa faz-se necessário demonstrar que houve culpa ou dolo (conduta humana), o nexo causal e o dano propriamente dito, conforme lição de Pablo Stolze e Rodolfo Pamplona (2009, p. 25) para quem: "os elementos básicos ou pressupostos gerais da responsabilidade civil são apenas três: a conduta humana (positiva ou negativa), o dano ou prejuízo, e o nexo de causalidade".

Prosseguem os autores (2009, p. 27) que da conduta humana tem-se o comportamento marcado por uma voluntariedade marcada por uma liberdade de escolha do agente consciente pela prática de determinado ato. Aborda que a voluntariedade é característica marcante, uma vez que não haveria a atribuição de culpa ou dolo quando o ato praticado extrapola sua intenção de causar prejuízo utilizando como exemplo a situação de um sujeito que, apreciando um raríssimo pergaminho do século III, sofre uma micro-hemorragia nasal e, de maneira involuntária, espirra, danificando o manuscrito, cabendo a aferição tão somente da negligência da diretoria do museu por não colocar o objeto em um mostruário fechado ou a hipótese de o indivíduo ter violado as normas internas, mas não pelo espirro em si.

Nesse capítulo, restringe-se a conduta humana pelo previsto no art. 186 do Código Civil, a qual seria a ação ou omissão voluntária, negligência ou imprudência, ou imperícia. Mais adiante será visto que a conduta humana se classifica em positiva ou negativa, quando será analisada a recusa da entidade sindical em realizar a negociação coletiva.

O sujeito passivo, causador do dano, pode ser toda e qualquer pessoa, física ou jurídica. Pelo Código Civil, extrai-se a responsabilidade de reparar de todo aquele que causa dano a outrem de acordo com os arts. 186, 187 e 927 do CC (BRASIL, 2002), ou em casos pontuais como a responsabilidade por fatos praticados por terceiros à guisa do art. 932 do CC (BRASIL, 2002), dono de animal ou de construção previsto nos arts. 937 e 938 do CC, respectivamente (BRASIL, 2002), bem como aquele que demandar por dívida já paga ou de forma antecipada, respectivamente os arts. 940 e 939 do CC (BRASIL, 2002).

A legitimidade ativa de associação foi declarada pelo Tribunal Superior do Trabalho, conforme explanado anteriormente, sendo possível ajuizar ação para tutelar os direitos de seus representados. Entende-se que por se tratar de uma associação, o Comitê poderá ajuizar ações de reparação dos danos causados desde que observados os requisitos dos arts. 82 e 91 do Código de Defesa do Consumidor (BRASIL, 1990), que é o dispositivo que versa sobre a tutela dos direitos individuais homogêneos ou coletivos. Como será visto e feitas ressalvas legais, o Comitê poderá negociar coletivamente e por consectário lógico ajuizar ações quando o objeto de negociação tornar-se litigioso.

O nexo causal é aquele que liga a conduta do agente ao evento danoso. Três são as teorias apontadas em relação ao nexo de causalidade: Teoria da Equivalência das Condições (*conditio sine qua non*), Teoria da Causalidade Adequada e Teoria da Causalidade Direta e Imediata, conforme Pablo Stolze e Rodolfo Pamplona (2009, p. 86-90).

Em apertada síntese, pela primeira teoria acima, todos os atos praticados para a realização do evento danoso são equivalentes, não havendo distinção dos antecedentes do resultado danoso no sentido de que todos os atos praticados equivalerão como causa. Na esfera criminal, a doutrina entende que essa Teoria da Equivalência das Condições é a adotada pelo art. 13 do Código Penal brasileiro que: "O resultado, de que depende a existência do crime, somente é imputável a quem lhe deu causa. Considera-se causa a ação ou omissão sem a qual o resultado não teria ocorrido". A crítica feita por parte da doutrina é a de que essa teoria amplia demasiadamente as causas para a realização do evento danoso. Dentre os críticos, a doutrina cita Gustavo Tepedino (2001, p. 3-19), para quem "a fórmula tenderia a tornar cada homem responsável por todos os males que atingem a humanidade".

Pela Teoria da Causalidade Adequada há uma relativização da teoria anterior no sentido de que será considerada toda e qualquer causa que tenha acarretado no evento danoso, mas devendo ser aquilatado de acordo com um juízo de probabilidades. Nesse sentido, para essa teoria causa é o "antecedente, não só necessário, mas também adequado à produção do resultado. Logo, nem todas as condições serão causa, mas apenas aquela que for mais apropriada para produzir o evento", conforme Sérgio Cavalieri (2000, p. 51).

Essa teoria é a atualmente aceita pelo Superior Tribunal de Justiça e alguns Tribunais de Justiça:

> CIVIL. SEGURO OBRIGATÓRIO. DPVAT. QUEDA DE VEÍCULO AUTOMOTOR INERTE. CAUSALIDADE ADEQUADA. AUSÊNCIA. DEVER DE INDENIZAR. INEXISTÊNCIA. 1. Os danos pessoais sofridos por quem reclama indenização do seguro DPVAT devem ser efetivamente "causados por veículos automotores de via terrestre, ou por sua carga", nos termos do art. 2º, da Lei n. 6.194/74. Ou seja, o veículo há de ser o causador do dano e não mera concausa passiva do acidente. 2. No caso concreto, tem-se que o veículo automotor, de onde caíra o autor, estava parado e somente fez parte do cenário do infortúnio, não sendo possível apontá-lo como causa adequada (possível e provável) do acidente. 3. Recurso especial não provido. (STJ - REsp: 1185100 MS 2010/0044470-9, relator: Ministro LUIS FELIPE SALOMÃO, Data de Julgamento: 15.2.2011, T4 – QUARTA TURMA, Data de Publicação: DJe 18.2.2011)

> APELAÇÃO CÍVEL. PROCESSO CIVIL. SUCUMBÊNCIA. PRINCÍPIO DA CAUSALIDADE ADEQUADA. VALOR DOS HONORÁRIOS ADVOCATÍCIOS. MINORAÇÃO. – O princípio da causalidade adequada determina a condenação da parte que dá azo ao ajuizamento da ação ao pagamento dos ônus sucumbenciais. – A valoração da verba honorária deve respeitar os parâmetros definidos no art. 20, §§ 3º e 4º, do CPC. Caso em que evidente a ausência de resistência da parte demandante e a singeleza da demanda, impondo-se a minoração da quantia fixada na sentença. APELAÇÃO CÍVEL PARCIALMENTE PROVIDA, DE PLANO. (TJ-RS - AC: 70056700552 RS, relatora: Marilene Bonzanini, Data de Julgamento: 7.6.2014, Vigésima Segunda Câmara Cível, Data de Publicação: Diário da Justiça do dia 11.6.2014)

A crítica que se faz a essa teoria é a discricionariedade que se concede ao julgador para condenar determinada pessoa a responder pela responsabilidade civil. Ao aplicador da lei caberá fazer o seu juízo de ponderação a fim de aferir se o fato no caso em apreço poderá ser considerado como a causa do evento danoso.

Pela Teoria da Causalidade Direta e Imediata, menos rigorosa do que as anteriores, considera-se como causa tão somente o "antecedente fático que, ligado por um vínculo de necessariedade ao resultado danoso, determinasse esse último como uma consequência sua, direta e imediata" (Pablo Stolze e Rodolfo Pamplona, 2009. p. 90).

A doutrina não é uníssona acerca de qual teoria é a adotada pelo ordenamento jurídico brasileiro. Pablo Stolze e Rodolfo Pamplona entendem que é "mais acertado o entendimento de que o Código Civil brasileiro adotou a *teoria da causalidade direta ou imediata* (teoria da interrupção do nexo causal), na vertente da causalidade necessária" (2009, p. 93). É a conclusão que fazem da leitura extraída do art. 403 do Código Civil (BRASIL, 2002): "Ainda que a inexecução resulte de dolo do devedor, as perdas e danos só incluem os prejuízos efetivos e os lucros cessantes por efeito dela direto e imediato, sem prejuízo do disposto na lei processual".

Pela dicção do referido artigo, a reparação ocorre tão somente pelos prejuízos efetivos que o sujeito deu causa direta e imediatamente, mas havendo que ser feita a ressalva de Pablo Stolze e Rodolfo Pamplona (2009, p. 94) para quem "a despeito de reconhecermos que o nosso Código melhor se amolda à teoria da causalidade direta e imediata, somos forçados a reconhecer que, por vezes, a jurisprudência adota a causalidade adequada", que foram transcritas acima.

Ainda dentro da questão de causalidade para a imputação da responsabilidade civil, há que ser analisada as causas concorrentes (2009, p. 94):

> Problema interessante que merece a nossa atenção diz respeito à concorrência de causas.
>
> Quando a atuação da vítima também favorece a ocorrência do dano, somando-se ao comportamento causal do agente, fala-se em "concorrência de causas ou de culpas", caso em que a indenização deverá ser reduzida, na proporção da contribuição da vítima.
>
> Neste caso de culpa concorrente, cada um responderá pelo dano na proporção em que concorreu para o evento danoso, o que tem de ser pesado pelo órgão julgador quando da fixação da reparação, uma vez que somente há condenação pela existência da desproporcionalidade da culpa.
>
> Assim, no caso, o dano decorre por causa da atuação de ambos os sujeitos da relação jurídica.

É o que se verifica na dicção do art. 945 do Código Civil em que a indenização pela responsabilidade civil será reduzida em razão da concorrência da vítima para a realização do evento danoso. Acresça-se a isso que o Enunciado n. 459 da Jornada de Direito Civil prevê que "A conduta da vítima pode ser fator atenuante do nexo de causalidade na responsabilidade civil objetiva".

No que se refere ao dano propriamente dito, este pode ser patrimonial e moral, reflexo ou em ricochete; danos coletivos, difusos e a interesses individuais homogêneos (2009, p. 40-47).

É patrimonial quando aferível a violação de direitos economicamente apreciáveis que pode ser por dano emergente (efetivo prejuízo sofrido pela vítima) ou por lucros cessantes (aquilo que a vítima deixou de lucrar razoavelmente em razão do dano). É moral quando o dano atinge a esfera subjetiva da pessoa, alcançando o íntimo da personalidade humana ou da pessoa jurídica. Alvitre-se que a indenização exclusivamente por dano moral está devidamente tipificada no art. 186 do Código Civil (BRASIL, 2002): "Aquele que, por ação ou omissão voluntária, negligência ou imprudência, violar direito e causar dano a outrem, ainda que exclusivamente moral, comete ato ilícito".

Diz-se dano reflexo ou em ricochete aquele que afeta, como o próprio nome sugere, reflexamente pessoas próximas à vítima do dano. Faz-se necessário, todavia, demonstrar incontestavelmente que o dano acarretou prejuízo a essa vítima indireta.

No que tange aos direitos metaindividuais (difuso, coletivo e individual homogêneo), o dano pode alcançar um grupo de pessoas. A definição legal dessas categorias de pessoas está prevista no art. 81 do Código de Defesa do Consumidor (BRASIL, 1990), considerando-se difuso aquele em que sejam titulares pessoas indeterminadas e ligadas por uma circunstância de fato, de natureza indivisível. Coletivo é aquele interesse ou direito em que figura como titulares pessoas determináveis como grupo, categoria ou classe de pessoas ligadas entre si ou com a parte contrária por uma relação jurídica base, de natureza indivisível. E, por fim, os direitos individuais homogêneos são aqueles em que os titulares são determinados, ligados por uma situação de fato, cuja natureza é divisível.

Como requisitos do dano, ainda de acordo com Pablo Stolze e Rodolfo Pamplona (2009, p. 38/40), deve ser constatada a ocorrência: a) de violação de um interesse jurídico patrimonial ou extrapatrimonial de uma pessoa física ou jurídica; b) da certeza do dano; c) da subsistência do dano.

O dano pressupõe que tenha havido uma violação de um interesse jurídico, pois sem este não haveria como se concluir pela existência daquele. Nota-se que a Constituição Federal, em seu art. 5º, V, assegura a indenização pelas violações ocorridas aos interesses morais, materiais ou à imagem. O art. 186 do Código Civil (BRASIL, 2002) exige que as situações de ação ou omissão voluntária, negligência ou imprudência, violem um direito e cause dano para que seja considerado ato ilícito. Ou seja, quis o legislador que o ato praticado venha a violar um direito assegurado por lei, considerando-o, então, como ilícito. Logo, o dano tem de violar um interesse jurídico patrimonial ou extrapatrimonial.

Sobre a certeza do dano, conforme os doutrinadores citados acima (2009, p. 39), "somente o dano certo, efetivo, é indenizável. Ninguém poderá ser obrigado a compensar a vítima por um dano abstrato ou hipotético". Mais adiante, cita Maria Helena Diniz para quem "a certeza do dano refere-se à sua existência, e não à sua atualidade ou ao seu montante"[38].

Nesse aspecto, há que ser alvitrada a questão da reparação pela perda de uma chance que tem requisitos a realidade e seriedade de sua ocorrência, não ficando adstrita a percentuais apriorísticos, conforme Enunciado n. 444 das Jornadas de Direito Civil[39]. Não se trata, pois, de aferir o possível dano de acordo com um juízo prévio, à primeira vista, mas deve ser uma demonstração de efetiva e real chance perdida em razão de determinada conduta praticada pelo sujeito ativo. É o caso, por exemplo, de o Comitê se recusar injustificadamente a firmar um acordo coletivo com o empregador, depois de o

---

(38) DINIZ, Maria Helena. *Curso de Direito Civil Brasileiro:* Responsabilidade Civil, 16. ed. São Paulo: Saraiva, 2002. p. 60 *apud* GAGLIANO, Pablo Stolze; PAMPLONA FILHO, Rodolfo. *Novo Curso de Direito Civil:* Responsabilidade Civil. 7. ed. São Paulo: Saraiva, 2009. p. 39.

(39) "En. 444. Art. 927. A responsabilidade civil pela perda de chance não se limita à categoria de danos extrapatrimoniais, pois, conforme as circunstâncias do caso concreto, a chance perdida pode apresentar também a natureza jurídica de dano patrimonial. A chance deve ser séria e real, não ficando adstrita a percentuais apriorísticos."

sindicato delegar essa competência aos trabalhadores, em que a negociação envolveu a aprovação da maioria dos empregados reunidos em assembleia. Para que determinado benefício viesse a ser aplicado aos contratos de trabalho, necessitaria de um acordo coletivo e o Comitê se recusou injustificavelmente, causando a perda da chance de os trabalhadores obterem a melhoria de seus contratos de trabalho. Essa melhoria é real e efetiva, uma vez que o comportamento adotado pelo empregador ao longo das negociações demonstra que aceitaria as inserções dessas condições aos contratos de trabalho, mas que restou frustrada por depender de uma formalidade que foi recusada pelo próprio Comitê. Ou seja, é factível — apesar de se tratar de um evento futuro não concretizado — em que o empregador aceitaria incorporar determinada cláusula ao contrato de trabalho, mas deixou de fazê-lo pela recusa injustificada do Comitê.

Outro requisito apontado pela doutrina é a necessidade de subsistência do dano. Uma vez reparado o prejuízo, o dano não estaria imanente e teria cessado de modo que o dano não subsistiria no momento do ajuizamento da ação. Não haveria como o juiz julgar procedente a reparação de um dano que já foi reparado, portanto.

Tratando-se de empregador, o art. 2º da CLT atribui-lhe a responsabilidade civil pela assunção do risco empresarial. Em seara constitucional, o art. 7º da Constituição Federal adentra à questão da responsabilidade civil sob o enfoque do acidente do trabalho, nela compreendida a subjetividade da aferição por dolo ou da culpa.

Nada obstante, o STF adota a Teoria da Culpa Presumida, conforme Súmula n. 341: "É presumida a culpa do patrão ou comitente pelo ato culposo do empregado ou preposto", adotando-se o critério da inversão do ônus da prova, mas admitindo-se a possibilidade da não ocorrência da culpa. Referida previsão sumular vai ao encontro do art. 932, III, do CC, que atribui ao empregador a responsabilidade civil pela prática de seus empregados.

De tudo o que foi visto acima, tem-se que o Comitê pode vir a responder civilmente pelos danos causados, não havendo qualquer restrição prevista no Código Civil que a exclua. A reparação do prejuízo é devida por todo aquele que causar dano a outrem, à guisa dos arts. 186, 187 e 927 do CC (BRASIL, 2002). Trata-se de uma imputação de responsabilidade genérica que não exclui, portanto, o Comitê da obrigação reparatória.

Para a aferição da responsabilidade que recai sobre o Comitê de Trabalhadores retoma-se a questão mencionada anteriormente no capítulo que versa sobre a natureza jurídica dessa Representação que, uma vez "eleitos para representar os interesses dos demais empregados da empresa, a relação jurídica que se estabelece é de mandato civil previsto no art. 653 do Código Civil (BRASIL, 2002), porquanto se destina a administrar interesses, bem como praticar atos de negociação".

Na condição de mandatário, a responsabilidade civil que decorre na situação de causar prejuízos é subjetiva, havendo a necessidade de aferir a sua culpa de acordo com o art. 667 do Código Civil: "O mandatário é obrigado a aplicar toda a sua diligência habitual na execução do mandato, e a indenizar qualquer prejuízo causado por culpa sua ou daquele a quem substabelecer, sem autorização, poderes que devia exercer pessoalmente".

Ou seja, além dos demais requisitos adiante explanados, haverá a responsabilidade civil quando o Comitê incorrer em imperícia, imprudência ou negligência, sendo necessária essa aferição. O Comitê é negligente, por exemplo, quando se omite em negociar, esquivando-se desse dever que lhe foi concedido pelos trabalhadores ou mesmo negligenciando em relação a uma das cláusulas que deveria ter sido negociada entre outras existentes. No caso da imprudência, também como exemplo, o Comitê antecipa-se sem qualquer cautela, deixando de realizar uma assembleia para iniciar uma greve como possibilita o art. 5º da Lei n. 7.783/89 (BRASIL, 1989). A imperícia é associada à falta de técnica que, no caso da Comissão, ocorreria, por exemplo, na hipótese de os representantes dos trabalhadores realizarem uma perícia dentro da empresa, deixando de indicar um profissional capacitado para o desempenho do trabalho.

O nexo de causalidade que liga o acontecimento danoso ao Comitê é regido pela Teoria da Causalidade Adequada, conforme jurisprudência majoritária, de modo que não se pode considerar toda e qualquer causa a responsável pela ocorrência do dano. O nexo deve ser analisado sob um juízo de probabilidade em que se verifica o antecedente necessário, adequado e apropriado para a produção do evento danoso. A causa deve ser apta a efetivar o resultado do dano. O Comitê não poderia ser responsabilizado, por exemplo, de um ato isolado praticado por um trabalhador que resolveu quebrar o maquinário da empresa por vontade própria. Nessa hipótese incidiria, inclusive, a excludente de culpabilidade por fato de terceiro que, muito embora seja um trabalhador representado, praticou o ato sem qualquer antecipação das causas para o Comitê que o teria levado a cometer tal ato danoso. Não houve antecedente apropriado que relacionasse o dano ao Comitê.

Em relação ao dano em si, como mencionado acima, há que ser constatado se houve violação de um interesse jurídico patrimonial ou extrapatrimonial de uma pessoa física ou jurídica, a certeza desse dano e a subsistência deste. Tais requisitos já foram abordados acima e deverão ser aferidos para que seja imputada a responsabilidade ao Comitê de Trabalhadores.

Uma vez celebrado o acordo entre o comitê de trabalhadores e o empregador, há que se verificar sua natureza jurídica. É o que passa a ser analisado.

7. A Natureza Jurídica do Acordo Celebrado Diretamente pelo Comitê de Representantes de Trabalhadores da Empresa

De forma semelhante ao direito brasileiro, no sistema jurídico de Portugal há igual estipulação para que a negociação coletiva conte com a participação de entidade sindical. A concepção do princípio da autonomia coletiva não se encerra no sindicato, sendo mais ampla, de modo que os trabalhadores da empresa podem socorrer-se do referido princípio para negociar diretamente com o empregador.

Questão interessante colocada por Maria do Rosário Palma Ramalho (2009, p. 76-77) é o anteprojeto do Código do Trabalho Português de 2004 (PORTUGAL, 2004), de modo que as comissões de trabalhadores passavam a possuir personalidade jurídica mediante o registro dos respectivos estatutos perante o Ministério do Trabalho, de acordo com o art. 424, n. 1, do anteprojeto (PORTUGAL, 2004), fato que admitiria a outorga de instrumento normativo aos demais trabalhadores da empresa. O art. 441, n. 2 (PORTUGAL, 2004), passou a prever a competência para a celebração dos acordos gerais de empresas por parte das comissões de trabalhadores, a qual passou a integrar o conjunto dos direitos dessas comissões.

Em relação à concorrência entre instrumentos de regulamentação coletiva de trabalho — alvitrando-se o debate da recepção ou não do art. 620 da CLT (BRASIL, 1943), que prevê a prevalência hierárquica da convenção mais favorável em face do acordo coletivo, logo adiante mencionada — no anteprojeto português (PORTUGAL, 2004), em seu art. 547, o acordo geral de empresa era considerado uma fonte residual, uma vez que cedia perante os demais instrumentos de regulamentação coletiva do trabalho negociais.

No tocante à outorga formal do acordo geral de empresa, previa-se sua assinatura pela comissão de trabalhadores e pelo empregador (art. 549, n. 4, do anteprojeto) (PORTUGAL, 2004).

Quanto ao conteúdo, o anteprojeto português previa a possibilidade de o acordo geral de empresas ter, exatamente, o mesmo de qualquer convenção coletiva de trabalho (art. 550 do anteprojeto) (PORTUGAL, 2004). Aqui, há que se fazer a ressalva de que o acordo geral de empresas previsto no anteprojeto não se refere diretamente ao acordo coletivo atípico de Maria do Rosário Palma Ramalho (2009), que vê, neste último, uma espécie de negócio jurídico.

As considerações do anteprojeto português servem para ilustrar uma forma de viabilizar e dar efetividade aos direitos fundamentais dos trabalhadores ao direito de expressão, não sendo possível adentrar-se muito à questão porquanto não houve aprovação de sua inserção no Código do Trabalho de 2003 (PORTUGAL, 2003).

Assim como ocorre no direito brasileiro, Ramalho (2009, p. 79, 83-84) ressalta que, do ponto de vista constitucional português,

> [...] a conjugação do art. 56º n. 3 (que atribui o direito de contratação colectiva às associações sindicais) com o art. 54º n. 5 da CRP (que enuncia os direitos das comissões de trabalhadores, não incluindo entre eles este mesmo direito) permite concluir que a intenção do legislador constituinte foi, de facto, reservar o direito de contratação colectiva às associações sindicais.
>
> [...]
>
> Os argumentos expostos apenas viabilizam, quanto a nós, uma conclusão: no sistema juslaboral, o direito de contratação colectiva (i.e., repetimos, o direito de negociar e outorgar instrumentos de regulamentação colectiva do trabalho convencionais em representação dos trabalhadores e dos empregadores) continua, no que aos trabalhadores diz respeito, a ser atribuído apenas às associações sindicais [...].
>
> O juízo de inadmissibilidade liminar da negociação colectiva atípica e dos acordos colectivos atípicos parece-nos excessivo. É que, nos termos expostos, o sistema nacional de contratação colectiva apenas impede o reconhecimento dos acordos colectivos atípicos como uma nova categoria de instrumento de regulamentação colectiva, correspondente, nos termos da lei, a contratação colectiva em sentido próprio [...].
>
> A nosso ver, os acordos colectivos atípicos podem, de facto, ser admitidos no universo laboral se forem perspectivados em moldes estritamente negociais; e, se puderem ser admitidos na qualidade de negócios jurídicos, correspondem, na verdade, a uma nova forma de autonomia colectiva.

A admissão do acordo coletivo atípico, entendido como tal aquele celebrado diretamente entre os representantes de trabalhadores e a empresa, teria a qualidade de negócio jurídico celebrado entre as partes.

E como negócio jurídico, as leis imperativas relativas à proteção dos trabalhadores, em especial o *caput* do art. 7º da Constituição Federal (BRASIL, 1988), deverão ser respeitadas, sob pena de tal negócio ser considerado nulo, à guisa da interpretação contida no art. 166, VI, do Código Civil[40] (BRASIL, 2002), assim como a previsão do art. 9º da CLT (BRASIL, 1943), que — de igual maneira — entende como nulos os atos praticados com a finalidade de desvirtuar, impedir ou fraudar a aplicação dos preceitos consolidados.

No anteprojeto português acima analisado, a proposta era de um regime especial de ratificação, desde que tivesse os votos favoráveis de dois terços dos trabalhadores votantes, cujo número deveria corresponder a 25% do número total de trabalhadores da empresa e, uma vez ratificado o acordo, sempre nos termos do art. 558 do anteprojeto

---

(40) "Art. 166: É nulo o negócio jurídico quando: [...] VI – tiver por objetivo fraudar lei imperativa."

(PORTUGAL, 2004), ele seria aplicável a todos os trabalhadores da empresa. Não havendo a ratificação, o acordo seria aplicável aos trabalhadores que não se lhe opusessem por escrito, no prazo de 30 dias (art. 565 do anteprojeto) (PORTUGAL, 2004).

Ou seja, a ratificação vincula todos os trabalhadores ao acordo assinado, respeitando-se a vontade da maioria que, sob determinadas circunstâncias, resolveu celebrar tal acordo para o momento específico relacionado aos contratos de trabalho.

O art. 620 da CLT (BRASIL, 1943) prevê, ainda, a prevalência das condições estabelecidas em Convenção, quando mais favoráveis, em relação àquelas estipuladas em acordo coletivo. No caso em questão, trata-se da aplicação da norma mais favorável na relação de trabalho a que alude Américo Plá Rodriguez (1978, p. 54) para quem: "não se aplicará a norma correspondente dentro de uma ordem hierárquica predeterminada, mas se aplicará, em cada caso, a norma mais favorável ao trabalhador... a aplicação deste princípio provoca uma espécie de quebra lógica no problema da hierarquia das fontes, que altera a ordem resultante do modelo, no qual as fontes se harmonizam em razão da importância do órgão de que provêm".

Da lição trazida pelo autor uruguaio, tem-se duas questões: primeiro, que a aplicação da norma mais favorável não se aplica quando existe uma ordem hierárquica predeterminada e, segundo, a hierarquia das fontes pode ser alterada quando mais favorável ao trabalhador.

Da primeira questão, quando há uma ordem hierárquica predeterminada, tem-se a previsão do art. 7º da Constituição Federal (BRASIL, 1988) nos casos de salário (inciso VI), turnos ininterruptos de revezamento (inciso XIV) e jornada de trabalho (inciso XIII) que transfere aos acordos coletivos a possibilidade de fixação das regras especiais, inclusive com a redução salarial, entendendo-se necessária a efetiva contraprestação por parte do empregador.

Nessas situações, o acordo coletivo prevalecerá não somente porque se trata de uma ordem hierárquica predeterminada, mas, igualmente, porque é uma norma mais específica sobre o determinado tema de aplicação, aproximando-se mais da realidade dos trabalhadores daquela dada empresa. Cuida-se da Teoria da Especificidade que, conforme ressalta Amauri Mascaro Nascimento (2013, p. 542), é a aplicada na Itália e Espanha em detrimento à regra supramencionada do art. 620 da CLT (BRASIL, 1943), de prevalência a norma mais favorável quando do cotejo entre convenção e acordo coletivo. A referida especificidade, aludida por Amauri Mascaro Nascimento (2013, p. 537), "designa a prevalência de contratos coletivos em nível de empresa sobre os de nível setorial se contiver matéria pertinente aos problemas internos específicos da empresa, ressalvado o direito mínimo legal e indisponível".

Ou seja, o critério da especifidade é utilizado para a solução do conflito normativo, opondo-se à teoria da norma mais favorável.

Vale dizer que pela segunda questão aventada pelo doutrinador uruguaio, quando diante do critério da favorabilidade, três outras teorias subdividem-se para solucionar qual a norma será aplicada em favor do trabalhador: teoria da acumulação, do conglobamento e do conglobamento por instituto. Pela acumulação, também conhecida por atomista, as cláusulas e os artigos das normas fragmentam-se, atomizam-se, acumulando aquelas que são favoráveis aos trabalhadores, preterindo-se as desfavoráveis.

Não obstante, pela segunda teoria, tem-se que conglobar significa reunir em globo, concentrando, portanto, a aplicação da norma mais favorável como num todo e não fracionando as normas por artigo ou cláusula como sugere a teoria da acumulação. Aplicar-se-á a norma que globalmente for mais favorável aos trabalhadores.

Pela terceira teoria, haverá o conglobamento de institutos quando do cotejo entre duas normas, tratando-se de uma teoria intermediária entre aquelas duas primeiras (acumulação e conglobamento). Ou seja, a aplicação não partirá da totalidade das normas, nem fragmentada por cláusulas ou artigos. A fragmentação será um pouco mais ampla e ocorrerá por meio dos institutos insertos em cada norma e não de forma tão pormenorizada por cláusulas ou artigos. Sua previsão está contida no art. 3º da Lei n. 7.064/82 (BRASIL, 1982), que estabelece a aplicação da norma mais benéfica no conjunto de normas e em relação a cada matéria. Ou seja, no capítulo referente ao salário será aplicada toda a matéria daquela determinada norma. Caso a outra norma seja mais benéfica, por exemplo, à jornada de trabalho, essa matéria é que passará, então, a incidir na relação entre as partes. Por essa razão é que haverá uma aplicação global dos institutos de cada norma que poderão fragmentar-se desde que respeitado o conjunto dos institutos, e não pormenorizado em artigos ou cláusulas.

O Direito Brasileiro prestigiou a teoria do conglobamento, seja pela dicção do art. 7º, incisos VI e XIII, da CF (BRASIL, 1988), que se reportam à aplicação da Convenção ou Acordo Coletivo de Trabalho, dependendo das partes negociais envolvidas, ou mesmo pelo art. 620 da CLT (BRASIL, 1943), que faz alusão à prevalência da Convenção, quando mais favorável, sobre o acordo coletivo. O legislador preocupa-se com a aplicação da norma mais benéfica globalmente, não atomizada.

A preocupação do legislador com o art. 620 da CLT (BRASIL, 1943) foi tutelar os direitos trabalhistas no sentido de que uma negociação coletiva mais ampla (por categoria) tenderia a ser mais benéfica do que uma específica, realizada dentro da empresa. No caso de trabalhadores contratados ou transferidos para prestar serviços no exterior, previsto na Lei n. 7.064/82 (BRASIL, 1982), a teoria do conglobamento também foi aplicada, mas tratada por institutos como mencionado acima.

Por fim, alvitre-se que o art. 620 da CLT foi declarado recepcionado pelo C.TST em casos em que foi analisado:

> RECURSO DE EMBARGOS REGIDO PELA LEI 11.496/2007. CONVENÇÃO COLETIVA E ACORDO COLETIVO DE TRABALHO. COEXISTÊNCIA. PREVALÊNCIA DA NORMA MAIS FAVORÁVEL. ART. 620 DA CLT. TEORIA DO CONGLOBAMENTO. A controvérsia relativa à coexistência de acordo e convenção coletiva de trabalho e à determinação da norma prevalecente deve ser dirimida à luz do art. 620 da CLT. Esse dispositivo prevê que as condições estabelecidas em convenção coletiva, quando mais favoráveis, prevalecerão sobre as estipuladas em acordo coletivo de trabalho.

> Trata-se de preceito vigente no ordenamento jurídico, cuja regência mostra-se plenamente compatível com a ordem constitucional de 1988, consoante o que estabelece o art. 7º em seu *caput*, bem como nos incisos VI e XXVI. Ademais, para a apuração de qual norma apresenta-se mais benéfica ao trabalhador impõe-se a análise de cada um dos instrumentos — acordo e convenção coletiva — como um todo, em atenção ao que orienta a teoria do conglobamento. Precedentes da SBDI-1 e de todas as oito Turmas do TST. Recurso de embargos conhecido e não provido. (TST-RR-201000-66.2007.5.18.0006, Subseção I Especializada em Dissídios Individuais, Ministro Augusto César Leite de Carvalho, j. 28.2.2013, DJe 8.3.2013)

O referido julgado sintetiza o quanto exposto anteriormente e declara a recepção do art. 620 da CLT, aplicando a teoria do conglobamento.

Portanto, no caso do acordo celebrado pelo Comitê dos Trabalhadores há que ser aferida a norma mais benéfica em sua totalidade, mantendo incólumes os direitos fundamentais previstos na Constituição Federal (BRASIL, 1988) e nas normas internacionais e legislações brasileiras.

Analisada a natureza jurídica do acordo celebrado, faz-se necessário o estudo quanto à exigência prevista no § 1º do art. 617 da CLT (BRASIL, 1943), que concede legitimidade ao comitê para negociar com o empregador, desde que o sindicato não tenha se desincumbido do encargo de negociar.

8. Comitê de Representantes de Trabalhadores da Empresa e a Recusa de Negociação pelo Sindicato

Diante do tema relativo aos mecanismos de participação dos trabalhadores nas empresas, o Brasil não possui as mesmas experiências que países estrangeiros. Ainda nos idos da década de 1950, Egon Gottschalk (1958, p. 204) abordava sobre o assunto da seguinte maneira: "[...] neste terreno não saímos, ainda, das faixas da puerícia, e não demos os nossos próprios passos à procura de uma nova estrada, em terreno já batido, há algumas décadas, por outras nações industrialmente mais desenvolvidas [...]".

A incipiência do tema dentro do ordenamento jurídico decorre das interpretações feitas da Constituição Federal (BRASIL, 1988) e da própria concorrência comercial no mundo contemporâneo. O aumento da competição internacional leva empresas a se interessarem por sistemas de remuneração mais flexíveis e condicionados ao desempenho individual. A crise do modelo sindical do país, aliada à realidade empresarial, induz forma alternativa de negociação.

A crise do sindicalismo atual, após a Constituição Federal de 1988 (BRASIL, 1988), está atrelada ao surgimento cada vez maior de entidades sindicais que buscam, apenas, as fontes de custeio, cumprindo os interesses exclusivamente de sua Diretoria e de entidades de grau superior a ela atreladas. A pretexto de representarem os trabalhadores, uma entidade sindical desponta de um desmembramento ou dissociação com fins transversos, garantindo os direitos que a própria legislação já cuidou de assegurar.

O TST vem se desdobrando para corrigir as imperfeições do surgimento de sindicatos que colimam reduzir direitos a pretexto de fracionamento sindical (dissociação ou desmembramento). Para tanto, vem aplicando os princípios da agregação e da anterioridade, segundo os quais, em apertada síntese, o mais legítimo e representativo seria o sindicato que agrega categoria profissional mais larga e abrangente (agregação) e, em caso de dúvida, considera-se mais representativa a entidade sindical mais antiga (anterioridade):

> [...] a diretriz da especialização pode ser útil para a análise de certos aspectos de outras relações jurídicas, sendo, porém, incompatível para a investigação da estrutura sindical mais legítima e representativa, apta a melhor realizar o critério da unicidade sindical determinado pela Constituição (art. 8º, I e II, CF/88) e concretizar a consistência representativa que têm de possuir os sindicatos (art. 8º, III e VI, CF/88). Para a investigação sobre a legitimidade e a representatividade dos sindicatos torna-se imprescindível, portanto, o manejo efetivo e proporcional do princípio da agregação, inerente ao Direito Coletivo do Trabalho. (TST RR 126600-88.2010.5.16.0020, 3ª Turma, Min. rel. Mauricio Godinho Delgado, julgamento em 26.6.2013, DJe 1º.7.2013) (BRASIL, 2013)

No ano de 2015, o Tribunal Superior do Trabalho passou a valer-se do Princípio da Especificidade, com base no art. 571 da CLT, colocando como requisitos os critérios de vida associativa regular e de ação sindical eficiente para o desmembramento ou dissociação, fazendo-se necessário, ainda, o paralelismo simétrico entre o segmento econômico e a categoria profissional representada com o propósito de permitir que essas categorias específicas possam exercer a sua representatividade com maior presteza aos interesses dos representados (TST RO - 1847-78.2012.5.15.0000, Seção Especializada em Dissídios Coletivos, Ministra relatora Dora Maria da Costa, j. 23.2.2015, DJe 6.3.2015).

Verifica-se, pois, a constante preocupação e adaptações da jurisprudência com o propósito de solucionar o problema de representatividade sindical. Em alguns casos, a falta de representatividade sindical justifica a atuação do Comitê de Trabalhadores com o propósito de assegurar os direitos fundamentais dos trabalhadores.

Renato Rua de Almeida (2013, v. 77, p. 1-9), defendendo o caráter neocorporativista do modelo sindical brasileiro atual — também designado semicorporativista ou corporativista fora do Estado —, ensina que poderá haver a violação de direitos fundamentais dos trabalhadores em razão de exclusão ou omissão destes empregados da proteção sindical:

> Ademais, esse nosso modelo de unicidade sindical, sustentado pelo sistema da categoria *a priori* e pela contribuição sindical compulsória, resulta-nos um sindicalismo monopolista autoritário, com a perpetuação no poder do grupo dominante (não há limite legal no exercício do poder sindical como existe na representação dos empregados na CIPA) [...]
>
> Por essas razões, o nosso modelo é neocorporativista ou semicorporativista, ou ainda, se permitirem, corporativista fora do Estado.

Esse modelo sindical enseja, como lembra o constitucionalista português, José Carlos Vieira de Andrade, em sua obra *Os direitos fundamentais na Constituição portuguesa de 1976*, editada pela Edições Almedina, Coimbra, que "nas relações privadas de poder, quando uma entidade disponha de poder especial de caráter privado sobre outros indivíduos, pode ocorrer a violação dos direitos fundamentais desses indivíduos", e exemplifica com os poderes dos sindicatos sobre os trabalhadores representados, quando excluem ou omitem determinados trabalhadores de sua proteção. Essa exclusão ou omissão de determinados trabalhadores da proteção sindical enseja violação da liberdade sindical, como direito fundamental, desses trabalhadores excluídos ou omitidos pelos sindicatos que os representam.

Prossegue o doutrinador trazendo o exemplo de aposentados de determinada categoria, já analisado, que foram prejudicados na década de 1990 por negociação coletiva de sindicato, que celebrou acordo coletivo deixando de "pagar aos aposentados tanto as duas gratificações anuais (previstas no Regulamento do Pessoal), porque foram substituídas pela PLR, como também a própria PLR, que, por definição, é, em princípio, devida somente ao pessoal da ativa" (ALMEIDA, 2013. p. 77). Nesse caso, os aposentados valeram-se de sua associação civil para a defesa de seus direitos individuais homogêneos perante a Justiça do Trabalho, tendo sua legitimidade reconhecida por meio de decisão

proferida pela Seção de Dissídios Individuais 1 (SDI-1) do TST (processo n. ED-E-ED-
-RR-42400-13.1998.5.02.00336 e processo n. ED-E-ED-RR-424/1998-036-02-00.6),
que firmou pela sua representação concorrente com a do sindicato para a defesa dos
interesses individuais homogêneos (ALMEIDA, 2013. p. 77, 1-10).

Essa alegada crise de representatividade sindical acarreta o entendimento de que
o art. 617 e seu § 1º da CLT (BRASIL, 1943) foi recepcionado pela Constituição Federal
(BRASIL, 1988). Segue nesse sentido a lição de Renato Rua de Almeida (2009, p. 369):

> Em conclusão, é possível afirmar que o § 1º do art. 617 da CLT foi recepcionado
> pelo art. 8º, inciso VI, da CF/88, e que é meramente facultativa a ciência à
> federação, e, na falta desta, à confederação, do fato da recusa do sindicato em
> participar da negociação coletiva na empresa, quando convocado, podendo os
> trabalhadores assumirem diretamente a negociação coletiva com a empresa,
> mesmo porque a negociação coletiva certamente será mais eficaz e estaria
> assim sendo justificada a descentralização do nível da negociação coletiva
> para o âmbito da empresa, como ocorre no direito moderno.

O referido § 1º do art. 617 da CLT (BRASIL, 1943) permite aos empregados firmar
acordo coletivo diretamente com seu empregador, quando a entidade sindical tenha
sido leniente e não tenha se desincumbido do encargo de negociar.

Trata-se de exceção à regra do monopólio da negociação atribuída aos sindicatos do
art. 8º, VI, da Constituição Federal (BRASIL, 1988), conforme adotada pelo Ministério
do Trabalho e Emprego, que entende pela obrigatoriedade de participação dos sindicatos na negociação coletiva, salvo nas hipóteses do art. 617 da CLT (BRASIL, 1943),
conforme Portaria SRT/MTE n. 01 de 2006 (BRASIL, 2006), que criou a Ementa n. 30
das Orientações Normativas da Secretaria de Relações do Trabalho do Ministério do
Trabalho e Emprego[41] (BRASIL, 2006).

A Seção de Dissídios Coletivos do TST[42], no julgamento do RO-8281-
17.2010.5.02.0000 (BRASIL, 2013), Ministro Relator Márcio Eurico Vitral Amaro, em

---

(41) "EMENTA N. 30: CONVENÇÃO OU ACORDO COLETIVO DE TRABALHO. PARTICIPAÇÃO DE ENTIDADE SINDICAL. É obrigatória a participação dos sindicatos nas negociações coletivas de trabalho. Excepcionalmente, no caso de recusa do sindicato, a negociação poderá ser feita pela federação ou pela confederação respectiva, ou mesmo diretamente pelos próprios empregados, desde que respeitadas as formalidades previstas no art. 617 da CLT, quais sejam: I - ciência por escrito, ao sindicato profissional, do interesse dos empregados em firmar acordo coletivo com uma ou mais empresas, para que assuma, em oito dias, a direção dos entendimentos entre os interessados; II - não se manifestando o sindicato no prazo mencionado, os empregados darão ciência do fato à federação respectiva e, na sua inexistência ou falta de manifestação, à correspondente confederação, para que no mesmo prazo assuma a direção da negociação; III - esgotados os prazos acima, poderão os interessados prosseguir diretamente na negociação. Em qualquer caso, a iniciativa da negociação deverá ser sempre dos trabalhadores da empresa. Ref.: art. 8º, VI, da CF; arts. 611 e 617 da CLT."

(42) Nesse sentido, o C.STJ já firmou posicionamento de que a competência para questões sindicais é da Justiça do Trabalho: "CONFLITO NEGATIVO DE COMPETÊNCIA. JUSTIÇA COMUM E JUSTIÇA DO TRABALHO. AÇÃO INDENIZATÓRIA POR DANOS MATERIAIS E MORAIS PROPOSTA POR EX-DIRETOR SINDICAL EM FACE DE SINDICATO. PEDIDO COM BASE EM DISPOSIÇÕES ESTATUTÁRIAS DO SINDICATO. EC N. 45/2004. AMPLIAÇÃO DA COMPETÊNCIA DA JUSTIÇA DO TRABALHO, QUE DEVE SER DECLARADA COMPETENTE PARA APRECIAR O FEITO.

decisão publicada em 12 de agosto de 2013, julgou pela recepção do art. 617 da CLT (BRASIL, 1943), ao analisar a validade ou não de um acordo coletivo firmado pela empresa diretamente com seus trabalhadores sem a participação da entidade sindical:

> RECURSO ORDINÁRIO EM DISSÍDIO COLETIVO. NEGOCIAÇÃO COLETIVA SEM A PARTICIPAÇÃO DO SINDICATO. RECUSA EM NEGOCIAR NÃO COMPROVADA. SINDICATO PRETERIDO. INVALIDADE DO ACORDO DE JORNADA DE TRABALHO DE DOZE HORAS. O art. 8º, inciso VI, da Constituição Federal, ao declarar a participação obrigatória do sindicato na negociação coletiva de trabalho revela natureza de preceito de observância inafastável. Em verdade, a própria CLT já trazia a exigência de participação do sindicato na celebração de convenção e de acordo coletivo de trabalho, conforme dispõem os arts. 611, *caput* e § 1º, e 613. Todavia, o art. 617 da CLT, nos moldes em que redigido, não se revela incompatível com a garantia constitucional, pois o ordenamento jurídico conteria lacuna de graves consequências caso não previsse solução para situações em que comprovadamente o sindicato não se desincumbe da nobre função constitucional. A recepção do art. 617 da CLT, contudo, não dispensa a análise minuciosa do caso concreto, a fim de que se verifique a efetiva recusa na negociação coletiva a ensejar as etapas seguintes previstas no aludido artigo, e, em tese, se conclua pela validade de eventual ajuste direto com os empregados. Precedentes. Se os autos carecem da comprovação de que o sindicato recusou-se a negociar, e, ao contrário, a prova revela uma total preterição do sindicato na negociação coletiva, julga-se improcedente o pedido de declaração de validade de acordo de jornada de trabalho de doze horas celebrado diretamente com os empregados. Recurso ordinário a que se nega provimento. (TST, RO-8281-17.2010.5.02.0000, Seção de Dissídios Coletivos, Min. rel. Márcio Eurico Vitral Amaro, j. 12.8.2013, DJe 23.8.2013)

Tratou-se de uma tentativa empresarial em sede de ação declaratória de validade de acordo, celebrada com os representantes dos trabalhadores, movida contra a entidade sindical. Nas decisões judiciais proferidas restou consignado que o acordo coletivo de trabalho possuiria "eficácia duvidosa" porque não contou com a participação da entidade sindical na negociação.

O que deve haver é a análise minuciosa do caso concreto em relação à recusa da entidade sindical em negociar.

Não obstante, Marcelo Caon Pereira (2012) nos demonstra, ainda, que o TST raramente é instado a se manifestar acerca do tema, razão pela qual há escassez de

---

1. Com a promulgação da EC n. 45/2004, ampliou-se a competência da Justiça do Trabalho, em cujas atribuições jurisdicionais incluiu-se o poder para processar e julgar a controvérsia pertinente à representação interna de entidades sindicais (sindicatos, federações e confederações). Em decorrência dessa reforma constitucional, cessou a competência da Justiça comum de Estado-Membro para processar e julgar as causas referentes aos litígios envolvendo dirigente sindical e a própria entidade que ele representa em matérias referentes a questões estatutárias. Precedentes do STF e STJ.
2. As regras de competência previstas no art. 114 da CF/1988 produzem efeitos imediatos, atingindo, inclusive, as demandas em curso. Assim, a competência da Justiça comum estadual remanesce apenas nos casos em que haja sentença de mérito exarada em data anterior à EC n. 45/2004.
3. Conflito de competência conhecido para declarar competente o Juízo da 18ª Vara do Trabalho de Brasília, o suscitado.
[...] Outro aspecto importante que emergiu da EC n. 45/2004 foi o alargamento da Justiça do Trabalho para resolver questões sindicais (art. 114, inciso III, da CF/88), tendo a doutrina propugnado que, em verdade, as questões que envolvam, direta ou indiretamente, direito sindical, latu sensu, devem todas elas estar concentradas na Justiça laboral, que atuaria como juízo universal das questões sindicais. (STJ, CC 124.534/DF, Min. rel. Luís Felipe Salomão, 2ª Seção, DJe 1º.7.2013)".

decisões que versem sobre a recepção ou não do § 1º do art. 617 da CLT (BRASIL, 1943). No entanto, destaca-nos a decisão do RR-640914, proferida pela 4ª Turma do TST (BRASIL, 2004), acórdão de lavra do Ministro Ives Gandra Martins Filho (DJU 4 de junho de 2004), entendendo que:

> COMPENSAÇÃO DE JORNADA EM REGIME DE TURNOS ININTERRUPTOS DE REVEZAMENTO RECUSA DE PARTICIPAÇÃO DO SINDICATO NAS NEGOCIAÇÕES COLETIVAS — ACORDO CELEBRADO ENTRE A EMPRESA E SEUS EMPREGADOS — ART. 617 DA CLT VALIDADE OFENSA AO ART. 8º, VI, DA CARTA MAGNA NÃO CONFIGURADA. O art. 8º, VI, da Carta Magna, não obstante gize ser obrigatória a participação do sindicato nas negociações coletivas, não disciplina a questão da validade do acordo de compensação de jornada firmado diretamente pelo empregador com seus empregados, formalizado nos moldes do art. 617 da CLT. Aliás, a norma inscrita no art. 7º, XIII, da Constituição da República, consoante o entendimento desta Corte sedimentado na Orientação Jurisprudencial n. 182 da SBDI-1 do TST, admite a compensação de jornada mediante acordo individual celebrado diretamente pelo empregador com seus empregados. É certo também que as normas inscritas no art. 7º, XIII e XIV, da Constituição da República não prescrevem, de modo expresso, exigência no sentido de que a compensação de jornada no regime de turnos ininterruptos de revezamento tenha que ser formalizada por norma coletiva. Ademais, *o art. 617 da CLT não foi revogado pelo art. 8º, VI, da Carta Magna, de modo que, se os sindicatos representativos das categorias econômica e profissional não tiverem interesse na negociação coletiva, esta poderá ser promovida diretamente pelos empregados com seus empregadores, sem a participação sindical.* Recurso de revista não conhecido. (TST RR-640914-73.2000.5.03.5555, 4ª Turma, Min. rel. Ives Gandra Martins Filho, j. 12.5.2004, DJe 4.6.2004) [grifo nosso]

Para o TST, portanto, o art. 617 da CLT (BRASIL, 1943) não estaria revogado, sendo possível que a representação ocorra por meio de trabalhadores que negociarão diretamente com o empregador na hipótese de desinteresse da entidade sindical.

Partindo da concepção trazida pelo Judiciário acima transcrita, infere-se que, antes de se concluir pela efetiva validade da negociação entre a empresa e o comitê de representantes de trabalhadores devidamente eleitos, sob uma simples interpretação de que houve recusa do sindicato em prosseguir ou recusar-se a negociar, hão que ser aferidos os critérios de justo motivo sindical para se chegar, inclusive, à responsabilidade civil da entidade sindical omissa ou negligente.

É o mesmo raciocínio previsto na Portaria do Secretário de Relações de Trabalho, por meio da Ementa n. 30 da SRT n. 1 de 25 de maio de 2006 (BRASIL, 2006), publicada no Diário Oficial da União de 26 de maio de 2006, supramencionada.

A conduta sindical de recusa pode ser analisada sob dois prismas — positiva ou negativa —, adaptando-se os critérios trazidos por Pablo Stolze Gagliano e Rodolfo Pamplona (2009, p. 28-33).

A conduta sindical de recusa negativa, mais tênue e complicada de ser aferida do que a positiva, é uma omissão do sindicato que sequer atendeu ao chamado escrito de seus representados. Essa omissão dentro do prazo de oito dias a que alude o § 1º do art. 617 da CLT (BRASIL, 1943) é o permissivo legal para que a representação de trabalhadores negocie diretamente com o empregador, seja oriunda de uma omissão voluntária ou por negligência (art. 186 do CC) (BRASIL, 2002).

Considerando-se que o art. 616 da CLT[43] (BRASIL, 1943) obriga os sindicatos a negociar coletivamente, há que se constatar se a conduta sindical em firmar determinado acordo coletivo ou convenção coletiva seria ilícita ou não. De acordo com Silvio de Salvo Venosa (2008, p. 23), "O ato ilícito traduz-se em um comportamento voluntário que transgride um dever".

Se, por um lado, há um dever legal de negociar, por outro, o comportamento do voluntário do sindicato de recusa não implica, necessariamente, violação legal. A obrigação legal exigida pelos arts. 616 e 617, ambos da CLT (BRASIL, 1943), é de negociar, e não de firmar o acordo coletivo, especialmente quando contrário à lei.

O que deve ser verificado é a conduta positiva do sindicato, quando se recusa a negociar por entender ser prejudicial aos interesses dos trabalhadores que, por exemplo, pretendem o não registro em Carteira de Trabalho e Previdência Social (CTPS) porque receberiam um valor maior diante da não incidência de encargos trabalhistas. Trata-se, nesse caso, de uma postura ativa do sindicato, que efetivamente dá sua recusa expressa em negociar ou prosseguir com a negociação coletiva por entender que prejudicará os trabalhadores, estando respaldado pelo art. 8º, III, da Constituição Federal (BRASIL, 1988).

Eis aqui o elemento exigido por lei que acarreta a interpretação de que a recusa do sindicato em negociar deve ser expressa, para que não haja simples conclusão de que se omitiu voluntariamente ou por negligência.

Para que a recusa do sindicato seja considerada de justo motivo, a conduta deve ser positiva, com manifestação expressa da entidade sindical porquanto os interesses não lhe pertencem, integram efetivamente os direitos fundamentais dos trabalhadores e devem ser manifestados expressamente.

A análise dessa recusa é que permitirá inferir se a conduta foi lícita ou não, considerando-se, ainda, que a defesa dos direitos e interesses coletivos ou individuais da categoria é subjetiva, pois o que pode ser bom para uns pode ser ruim para outros. Representar os interesses de todos os trabalhadores de uma mesma empresa pode não ser uma das tarefas mais fáceis.

É sob esse aspecto que a vontade dos trabalhadores poderia ser lícita — afastando-se daquele exemplo da CTPS — mas que, mesmo assim, o sindicato recusar-se-ia a negociar.

Nessa hipótese, os interesses dos trabalhadores de uma mesma empresa estariam divididos, pois a maioria pretende a alteração de seu contrato de trabalho e a minoria não quer a alteração. O sindicato apresentaria sua recusa pautada na lei ou mesmo em entendimento sumular do TST. Haveria, nesse caso, um justo motivo para a entidade sindical recusar a negociação, a fim de não afrontar a legislação ou entendimento sumular[44].

---

(43) "Art. 616: Os Sindicatos representativos de categorias econômicas ou profissionais e as empresas, inclusive as que não tenham representação sindical, quando provocados, não podem recusar-se à negociação coletiva."

(44) Não seria demais pensar que, nesse caso, o sindicato recusante ou mesmo o Ministério Público do Trabalho, tomando conhecimento da celebração posteriormente de um acordo prejudicial aos trabalhadores realizado entre empregados e empregador, ajuíze uma ação com tutela inibitória pleiteando a nulificação do referido acordo com o comitê de representantes.

Em havendo uma recusa legítima por parte da entidade sindical, incidindo um justo motivo para essa abstenção de firmar o acordo, o comitê de representantes necessitaria adequar suas razões a fim de colidir com o justo motivo fundamentado pelo sindicato, conforme impõe o art. 8º, III e VI, da Constituição Federal (BRASIL, 1988). Caso a manifestação da entidade sindical pudesse ser desprezada irrestritamente, o legislador constituinte não teria inserido no aludido inciso VI, do art. 8º, da Constituição Federal (BRASIL, 1988), contendo a obrigatoriedade da participação do sindicato na negociação coletiva.

A questão repousa no momento em que a entidade sindical não se desincumbe do encargo recebido (art. 617, § 1º, da CLT) (BRASIL, 1943), o comitê de representantes celebra um acordo diretamente com o empregador depois de escutar a vontade da maioria dos trabalhadores em assembleia convocada para esse fim, e a minoria resolve se insurgir contra o direito negociado, fundamentada, dentre outros, no arts. 187[45] e 665[46], ambos do Código Civil (BRASIL, 2002), pleiteando judicialmente a nulidade do acordado pelo comitê.

Decerto que a vontade da minoria deve ser observada em um Estado Democrático de Direito que se lastreia na concretização dos direitos fundamentais e da Constituição, para se alcançar a paz social. Nas palavras de Arnaldo José Duarte do Amaral (2008, p. 48-49):

> Conquanto necessariamente democrático, esse novo modelo de Estado deve ser, igualmente, cônscio dos direitos da minoria, notadamente dos direitos fundamentais. Afinal, o Estado alemão dos anos trinta do século passado tinha a chancela hipnótica do povo daquele país (tinha inegável legitimidade democrática). Assim, um Estado democrático de direito é, ao mesmo tempo, democrático e respeitador dos direitos das minorias, devendo primar pela realização dos direitos fundamentais.

É nessa busca pela forma mais adequada para dar efetividade aos acordos celebrados entre o comitê de representantes da empresa e o empregador que se insere o Estado Democrático de Direito para se colocar entre a vontade da maioria e a vontade da minoria.

---

(45) "Art. 187. Também comete ato ilícito o titular de um direito que, ao exercê-lo, excede manifestamente os limites impostos pelo seu fim econômico ou social, pela boa-fé ou pelos bons costumes."

(46) "Art. 665. O mandatário que exceder os poderes do mandato, ou proceder contra eles, será considerado mero gestor de negócios, enquanto o mandante lhe não ratificar os atos."

9. O Estado Democrático de Direito como Forma de Legitimar a Representação no Local de Trabalho

Para que se reconheça uma democracia interna na empresa faz-se necessário aferir a participação de trabalhadores nas tomadas de decisão, o respeito dos direitos trabalhistas dos empregados e o zelo que se tem por esses direitos por todas as partes envolvidas.

A função social da empresa com a adoção de uma democracia interna é o pilar de sustentação do canal de comunicação eficiente entre trabalhadores e empregador. Seja com a adoção do duplo canal de comunicação (constatável nos países de pluralidade sindical, realizada por meio sindical e por trabalhadores) ou pela eficácia plena do art. 11 da Constituição Federal (BRASIL, 1988), o que se tem é o dever da empresa em cumprir sua função democrática.

O entendimento doutrinário caminha no sentido de que não somente o Estado é capaz de condicionar, restringir e eliminar as liberdades da pessoa, mas também o empregador que se pauta em estratégias de mercado que acabam por afetar o grupo de trabalhadores da empresa. Há a preocupação em assegurar-se os direitos constitucionais e fundamentais dos trabalhadores, em uma eficácia horizontal dos direitos fundamentais, de acordo com Antonio Carlos Aguiar (2011, p. 102):

> O Estado, na atualidade, não é mais o único sujeito capaz de condicionar, restringir ou eliminar a liberdade das pessoas (indivíduos ou grupos). Nas relações horizontais entre os particulares verifica-se, amplamente, a capacidade de alguns sujeitos exercerem essas práticas. No mundo contemporâneo, gigantescos grupos privados exercem um poder de fato não menos ameaçador do que o Estado. Estratégias políticas nacionais e transnacionais afetam toda uma coletividade (de trabalhadores e cidadãos) dependendo da fruição econômica desses conglomerados.

Essa relação horizontal entre empregador e empregados deve pautar-se na democracia, com a participação dos trabalhadores na negociação de novos direitos.

O Estado Democrático de Direito implica assegurar maior liberdade de participação entre todas as pessoas. Para Mendes, Coelho e Branco (2008, p. 359): "O Estado democrático se justifica como meio para que essas liberdades sejam guarnecidas e estimuladas — inclusive por meio de medidas que assegurem maior igualdade entre todos, prevenindo que as liberdades se tornem meramente formais".

No conceito de Estado Democrático de Direito a vontade da minoria deve, igualmente, ser respeitada. O contrário certamente deve ocorrer para que a vontade da maioria se aplique no âmbito da empresa com a segurança jurídica que lhe deve ser inerente.

Em uma assembleia de empregados, nem sempre a vontade de todos será observada. Na votação lastreada em uma regra de maioria, determinados trabalhadores serão afetados. O resultado da escolha pode acarretar resultados indesejados a certas pessoas que estarão envolvidas na votação.

De acordo com Buchanan e Tullock (1990, p. 337 *apud* Arnaldo Mauerberg Junior, 2012 p. 2-3), a regra de maioria impõe o aceite de determinadas regras e ações à minoria derrotada na votação, sem que possa pleitear algo em troca, aqui residindo o conceito de externalidade negativa[47].

O comitê é um agregador das vontades dos trabalhadores da empresa com o empregador, agentes autointeressados. O único processo que permitiria uma agregação de preferências capaz de gerar zero de externalidades é a regra do consenso, em que todos concordam com uma proposta, gerando uma sensação de justiça porquanto todos pagarão pelo que foi aprovado e todos devem se beneficiar de seus resultados (MAUERBERG JUNIOR; STRACHMAN, 2012).

Ou seja, a deliberação tomada em assembleia deve esmerar-se ao máximo para que todos os trabalhadores entrem em um consenso, a fim de evitar alegações de perdas ou danos. Os próprios autores que tratam da externalidade negativa e a regra do consenso não negam, porém, que essa regra é inviável quando diante de um número excessivo de pessoas.

Ainda nessa perspectiva, outra crítica feita ao sistema de representação majoritária é a de não se considerar justo conceder a representação apenas à maioria, crítica devidamente refutada por Dalmo de Abreu Dallari (2000, p. 191), que em análise dessa espécie de sistema eleitoral afirma:

> Um outro argumento, que fere um ponto substancial, é que não se considera justo dar representação apenas à maioria, deixando as minorias sem possibilidade de participação no governo. Respondendo a esta última crítica, sustenta-se que é da essência da democracia o governo pela maioria, sendo importante, isto sim, que não se impeça a organização das minorias e sua possibilidade de se converter em maiorias se os eleitores aceitarem suas ideias.
>
> [...] O principal argumento usado pelos que defendem o sistema de representação majoritária é que ele define as responsabilidades pela política adotada, criando um vínculo mais estreito entre o representante e os representados, pois sempre se saberá quem foi o responsável por determinada orientação governamental. E o governante, à vista disso, precisa estar atento às aspirações do eleitorado.

---

(47) Desde que a minoria vencida é obrigada a aceitar um resultado indesejado, sem poder obter algum reparo por isso, ela se encontra após a votação em uma situação pior do que se encontrava antes desse processo — a regra da maioria acaba gerando uma externalidade negativa para os perdedores (MAUERBERG JUNIOR; STRACHMAN, 2012).

Ou seja, nesse sistema de representação majoritária, a solução apresentada é a de que as minorias se organizem, convertendo-se em uma maioria pela exposição de suas ideias aos trabalhadores votantes e posterior convencimento destes.

Tem-se, pois, a importância do processo democrático que decorre das assembleias de trabalhadores, concedendo-se o direito de participação a todos os trabalhadores sobre os direitos a serem ajustados com o empregador. Por essa razão é que o § 2º do art. 617 da CLT (BRASIL, 1943) preconiza que a assembleia ocorrerá com a participação de interessados, sindicalizados ou não, concedendo-se o direito de participação de todos os trabalhadores na deliberação a ser tomada dentro da empresa. O acordo terá efeito normativo sobre todos os trabalhadores da empresa, que por isso contarão com o direito de participação e voto.

Aplicando-se o sistema de representação majoritária apresentado por Dallari (2000), afere-se que essa forma de representação definirá as responsabilidades do comitê, ao qual caberá a responsabilidade por determinados direitos trabalhistas negociados diretamente com o empregador e que devem refletir as aspirações dos trabalhadores, especialmente para que não se acarretem prejuízos.

Ainda de acordo com esse sistema de representação, a minoria vencida, sentindo-se lesada, pode agrupar-se posteriormente e converter-se em maioria após um aprofundado convencimento de todos os trabalhadores da empresa, que aceitarão suas ideias.

É bem verdade, ainda, que o art. 468 da CLT (BRASIL, 1943) torna nula a alteração contratual prejudicial nos contratos individuais de trabalho, sem que tenha havido mútuo consentimento.

Analisada a questão considerando-se o fato de que os acordos celebrados entre o comitê e a empresa produzirão efeitos sobre os contratos individuais de trabalho, conforme § 1º do art. 611 e § 1º do art. 617 da CLT (BRASIL, 1943), tem-se que a derrota de uma minoria em votação impõe-lhe, em tese, a obrigação de aceitar as ações e regras estipuladas.

Alvitre-se, contudo, que as alterações ocorridas no contrato individual de trabalho não devem ser lesivas aos trabalhadores, não somente porque teria causado prejuízo ou deixado de contar com a anuência do empregado, de acordo com o art. 468 da CLT (BRASIL, 1943), mas em especial porque há a proibição do retrocesso social inserto no *caput* do art. 7º da Constituição Federal (BRASIL, 1988).

A previsão contida no art. 468, CLT (BRASIL, 1943), quando se trata de acordo celebrado pelo comitê de trabalhadores da empresa, é de respeito o *caput* do art. 7º da Constituição Federal (BRASIL, 1988) e o contexto em que foi firmado. Há que se aferir a comutatividade em que as obrigações e direitos negociados entre as partes permitem concluir que houve perda e ganhos recíprocos, a exemplo da irredutibilidade salarial do art. 7º, VI, da Constituição Federal (BRASIL, 1988).

O resultado da votação da assembleia legitima o comitê de trabalhadores da empresa a firmar acordo com o empregador. Os trabalhadores da empresa funcionam como uma *instância global de atribuição* de legitimidade democrática, trazendo à baila os ensinamentos de Friedrich Müller (2011, p. 54-55):

> [...] no Estado Democrático de Direito, o jurista não pode brincar de pretor romano. Os poderes "executantes", isto é Executivo e Judiciário, não estão apenas instituídos e não são apenas controlados conforme o Estado de Direito; estão também comprometidos com a democracia. O povo ativo elege os seus representantes; do trabalho dos mesmos resultam (entre outras coisas) os textos das normas; estes são, por sua vez, implementados nas diferentes funções do aparelho do Estado; os destinatários, os atingidos por tais atos são potencialmente todos, a saber, o "povo" enquanto população. Tudo isso forma uma espécie de circulação de atos de legitimação, que em nenhum lugar pode ser interrompido (de modo não democrático). Esse é o lado democrático do que foi denominado *estrutura de legitimação*... Parece plausível ver nesse caso o papel do povo de outra maneira, como *instância global da atribuição* de legitimidade democrática, como povo legitimante.

O resultado da votação e a fixação das normas estabelecidas devem ser analisados à luz do Estado Democrático de Direito, a fim de respeitar-se o processo de deliberação que afetará todos os contratos de trabalho da empresa.

Os trabalhadores elegem seus representantes que, por sua vez, negociarão e elaborarão as regras com o empregador, atingindo os contratos de trabalho dos empregados. Há uma circulação de atos de legitimação que não deve ser interrompida por um ou outro trabalhador que se julga prejudicado sem a análise da vontade coletiva que se encontrava sob determinada circunstância na empresa.

Aprovado um acordo coletivo, entende-se que um trabalhador não poderá se insurgir individualmente, indo de encontro com a vontade da maioria.

Tal como ocorre em outras esferas do direito, o que deve ser respeitado é o Estado Democrático de Direito, previsto no *caput* do art. 1º e seu parágrafo único da Constituição Federal[48] (BRASIL, 1988): "Todo o poder emana do povo, que o exerce por meio de representantes eleitos ou diretamente".

Os direitos trabalhistas pertencem aos próprios trabalhadores, e serão exercidos, ou defendidos, por meio de representantes eleitos para negociar diretamente com o empregador, especialmente quando diante de uma leniência da entidade sindical que desampara os direitos fundamentais, como visto.

Trata-se de fazer uma análise do instituto de acordo com o princípio da interpretação conforme à Constituição, que "diante de normas plurissignificativas ou polissêmicas (que possuem mais de uma interpretação), deve-se preferir a exegese que mais se aproxime da Constituição e, portanto, não seja contrária ao texto constitucional" (LENZA, 2010. p. 137).

---

(48) "Art. 1º A República Federativa do Brasil, formada pela união indissolúvel dos Estados e Municípios e do Distrito Federal, constitui-se em Estado Democrático de Direito e tem como fundamentos [...] Parágrafo único. Todo o poder emana do povo, que o exerce por meio de representantes eleitos ou diretamente, nos termos desta Constituição."

Não é um trabalhador em si o destinatário daquela vontade, mas o grupo de trabalhadores como um todo que resolveu acordar com o seu empregador determinada condição de trabalho específica, ocasionado por um dado motivo. É como valer-se dos fundamentos de validade do princípio administrativo da supremacia do interesse público lecionada por José dos Santos Carvalho Filho (2009, p. 31):

> Se é evidente que o sistema jurídico assegura aos particulares garantias contra o Estado em certos tipos de relação jurídica, é mais evidente ainda que, como regra, deva respeitar-se o interesse coletivo quando em confronto com o interesse particular. A existência de direitos fundamentais não exclui a densidade do princípio. Este é, na verdade, o corolário natural do regime democrático, calcado, como por todos sabido, na preponderância das maiorias. A "desconstrução" do princípio espelha uma visão distorcida e coloca em risco a própria democracia; o princípio, isto sim, suscita "reconstrução", vale dizer, adaptação à dinâmica social, como já se afirmou com absoluto acerto.

Nas relações privadas, dentro da concepção de eficácia horizontal dos direitos fundamentais, em caso de colisão entre os interesses individualmente considerados e da maioria expressa por meio de votação e aprovação do acordo celebrado, há que ser prestigiado o interesse coletivo. Tal argumento reforça-se em razão de a legislação trabalhista, estudada na seção 6.5 deste trabalho, determinar a democracia direta por meio das assembleias devidamente convocadas como forma de exercício do poder democrático.

Diante de uma ação trabalhista em que um trabalhador pede a nulidade de um acordo celebrado — e que eventualmente lhe foi desfavorável —, há que ser analisado o contexto de sua celebração a fim de verificar, inclusive, se a redução de seus direitos, individualmente considerados, não ocorreu para a manutenção dos demais contratos de trabalho em sua coletividade.

O Estado Democrático de Direito atua nessa situação como fonte de solução ao conflito que pode surgir no embate entre direitos individuais e coletivos. A supremacia do interesse coletivo haveria que prevalecer, a fim de que não se cometam injustiças em relação aos demais trabalhadores considerados em sua coletividade, inseridos naquele contexto empresarial.

O processo de deliberação realizado pelo comitê de trabalhadores da empresa funciona como uma *instância global de atribuição* de legitimidade democrática que impõe o respeito da decisão tomada aos demais trabalhadores os quais se sentiram lesados, observando-se a vedação do retrocesso social e das normas de direitos fundamentais.

O Estado Democrático de Direito é democrático e respeitador dos direitos das minorias, devendo zelar pela realização dos direitos fundamentais (AMARAL, 2008. p. 49). É por meio desse sistema que empregados e empregador são convidados a elaborar as normas de proteção, tal como leciona Dalva Oliveira (2004, p. 74):

> Com efeito, o princípio da proteção do Estado democrático de direito resulta da prevalência do sistema de participação [...] Tal como ocorre no campo

político em que a população é convidada a participar dos destinos da nação por meio do voto, trabalhadores e empregadores devem ser convidados a participar da elaboração das normas trabalhistas com vistas ao exercício eficaz da cidadania, espantando de vez o Estado patriarca, onde, no dizer de *Bobbio,* os súditos são tratados como eternos menores.

O Estado Democrático de Direito compromete-se, portanto, com a participação popular na feitura das normas jurídicas, mas é pautado, igualmente, pelo respeito e concreção dos direitos fundamentais, de acordo com a concepção de Elias Díaz (2004, p. 34).

Como visto, quando se fala em Estado Democrático de Direito, faz-se referência a um Estado de Direito e de Justiça Social (REALE, 1999. p. 2).

Havendo respeito aos direitos fundamentais e tendo sido analisado o contexto em que o acordo foi firmado, os trabalhadores vencidos deverão respeitar a soberania da assembleia que aprovou o direito que se aplicará aos contratos de trabalho, uma vez que o comitê com a participação dos trabalhadores funciona como estrutura de legitimação[49] às cláusulas negociadas.

---

(49) Trata-se de uma espécie de ciclo (Kreislauf) de atos de legitimação, que foi transcrito nas páginas anteriores, quando Müller (2011, p. 55) refere-se à "circulação de atos de legitimação".

10. Aspecto Contencioso da Negociação Coletiva Realizada com o Comitê de Representantes de Empresa

Entende-se que o Princípio Democrático de Direito é suficiente para atribuir legitimidade às negociações coletivas realizadas com o Comitê de Trabalhadores, observados os requisitos legais supramencionados.

Reconheça-se, porém, que hodiernamente não há uma segurança jurídica plena da negociação com o Comitê de Trabalhadores, seja por questões culturais diversamente do que ocorre nos países europeus como visto acima, ou mesmo por receio dos empregadores por outras questões.

É verdade, ainda, que a Autonomia da Vontade Privada Coletiva deve prevalecer sem a interferência estatal nos termos do art. 8º da Constituição Federal (BRASIL, 1988) e Convenção Internacional n. 154 da OIT (GENEBRA, 1981): "art. 2. Para efeito da presente Convenção, a expressão 'negociação coletiva' compreende todas as negociações que tenham lugar entre, de uma parte, um empregador, um grupo de empregadores ou uma organização ou várias organizações de empregadores, e, de outra parte, uma ou várias organizações de trabalhadores".

Cuida-se de negociação coletiva realizada entre empregador e o Comitê, não havendo espaço para uma intromissão estatal.

Ocorre, porém, que essa ingerência muitas vezes decorre da conduta de empregados, não sendo teratológico imaginar o cenário em que um trabalhador ajuizasse uma Reclamação Trabalhista individualmente para pedir a nulidade desse acordo coletivo de trabalho firmado diretamente por uma comissão de trabalhadores com o empregador e o Judiciário julgasse procedente sua ação por entender que houve prejuízos ao contrato de trabalho, violando o *caput* do art. 7º da Constituição Federal sob o fundamento de que teria havido um retrocesso social.

Outra possibilidade que se verifica é de a ingerência estatal decorrer da prática sindical. É certo que o art. 11 da Constituição Federal (BRASIL, 1988) tem eficácia plena, ainda mais se analisada a ratificação da Convenção Internacional n. 154 da OIT (GENEBRA, 1981) pelo Decreto n. 1.256, de 12 de maio de 1992 (BRASIL, 1992). Porém, é verdade também que o art. 8º, VI, da CF (BRASIL, 1988) torna obrigatória a participação dos sindicatos nas negociações coletivas sem fazer qualquer restrição ou permissão para que a entidade sindical não se fizesse presente.

Porém, o sindicato que recusou por um justo motivo, destacado acima, poderia chegar ao extremo e ajuizar uma ação com tutela inibitória para que a empresa se abstivesse de negociar cláusulas coletivamente sob o pretexto de prejuízo aos trabalhadores, socorrendo-se do Princípio da Autonomia da Vontade Privada Coletiva que rege as relações coletivas de trabalho.

Foi visto acima que a doutrina e jurisprudência se utilizam da CLT para conciliar esse aparente impasse. Não é o que se verifica tão facilmente, porém, na prática em que as partes correriam o risco de ver anulado o acordo celebrado pela interpretação de um Magistrado ou pelo próprio sindicato ou Ministério Público do Trabalho que entenderam pelo gravame da cláusula avençada.

Ou seja, como se demonstra, conquanto existir previsão legal para a não ingerência estatal, a prática mostra que a interferência é recorrente.

Lamentavelmente, deve ser reconhecido que, nessas situações, para evitar uma surpresa posterior com a nulidade do acordo celebrado entre empresa e seus empregados, seria possível que as cláusulas fossem submetidas à apreciação do Ministério Público do Trabalho a quem compete proteger os interesses difusos e coletivos ou pelo Judiciário.

Em uma análise das relações institucionais, não é difícil imaginar as opiniões divergentes entre o Ministério Público do Trabalho e dos sindicatos quando diante da proteção dos interesses de trabalhadores, e a recusa de negociação da entidade sindical — ainda que sob um entendimento subjetivo pautado na legalidade justificada que ensejaria um justo motivo — nem sempre estará de acordo com o entendimento do *parquet*.

Diante dessa hipótese, a fim de evitar maiores prejuízos, o Comitê e empregador poderiam submeter as cláusulas ajustadas ao crivo do Ministério Público do Trabalho que poderia tomar da empresa o Termo de Ajuste de Conduta que tem a natureza de título executivo extrajudicial previsto no § 6º do art. 5º da Lei n. 7.347, de 24 de julho de 1985. O Ministério Público do Trabalho atuaria, então, como árbitro de acordo com o permissivo legal do art. 83, XI, da Lei Complementar n. 75/1993, tal como leciona Carlos Henrique Bezerra Leite (2012, p. 175):

> Assim, com o propósito de regulamentar as atividades de Mediação e Arbitragem foi instituído Grupo de Estudo (Resolução n. 32/1998, do Conselho Superior do Ministério Público do Trabalho), no âmbito do Ministério Público do Trabalho, para estudar teoricamente os institutos e propor ao Conselho Superior do Ministério Público do Trabalho a normatização da atividade. Não obstante isso, o Ministério Público do Trabalho vem atuando como árbitro e mediador na solução de conflitos trabalhistas de natureza coletiva, envolvendo trabalhadores e empresa ou sindicatos de trabalhadores e empresas (e/ou sindicato patronal), com vantagens adicionais para as partes interessadas quais sejam: 1. Credibilidade de Membros oficiantes quanto à sua atuação e formação jurídica; 2. Isenção e imparcialidade absolutas em seu pronunciamento; 3. Ausência de custo para as partes, salvo se houver necessidade de perícias ou produção de outras provas.

Essa manifestação do Ministério Público do Trabalho respalda o acordo celebrado entre as partes à guisa do parágrafo único do art. 57 da Lei n. 9.099, de 26 de setembro de 1995: *"Valerá como título extrajudicial o acordo celebrado pelas partes, por instrumento escrito, referendado pelo órgão competente do Ministério Público".* Esse acordo extrajudicial, como será visto mais adiante, é de qualquer natureza ou valor.

Assim, submeter o acordo celebrado ao órgão ministerial valerá como título extrajudicial que terá maior validade porquanto referendado por um órgão cuja atribuição é a tutela dos interesses coletivos.

Na situação de uma omissão da entidade sindical em negociar (art. 617, § 1º, da CLT) parece que o compromisso firmado estaria ileso de sofrer impugnações judiciais por parte da entidade sindical porquanto essa leniência acarretaria um comportamento contraditório que é vedado (*venire contra factum proprio*), e os direitos indisponíveis dos trabalhadores estariam sendo tutelados pelo Ministério Público do Trabalho.

O problema surge quando a entidade sindical se recusa à negociação coletiva por um justo motivo de modo que a solução adotada acima (Termo de Ajustamento de conduta) não estaria livre do debate judicial (art. 5º, XXXV, da CF) e um possível pedido de nulidade por parte do sindicato, nos termos do art. 168 do Código Civil, poderia surgir, conflitando com o Ministério Público do Trabalho na defesa dos interesses coletivos de trabalho.

Nesse caso, a competência para apreciar a Ação ordinária de nulidade do Termo de Ajustamento de Conduta promovida pelo sindicato seria a Justiça do Trabalho, previsto no art. 114 da CF c/c art. 876 da CLT, pois se compete a Justiça Especializada a execução do compromisso de ajustamento, por consectário lógico, é a competente para analisar e declarar vícios na formação do título executivo extrajudicial decorrente de condições de trabalho.

A legitimidade passiva para figurar na ação não seria do Ministério Público do Trabalho que firmou o Termo de Ajustamento de Conduta, mas da própria União Federal que deverá responder pelo quanto requerido na ação ordinária, o qual possui personalidade jurídica de acordo com o art. 41 do Código Civil (BRASIL, 2002). Carlos Henrique Bezerra Leite (2012, p. 170) visualiza a hipótese de o Ministério Público do Trabalho figurar no polo passivo de ação somente quando houve a falta ou inexistência de representantes legais de, por exemplo, um menor de idade:

> A interpretação extensiva desse dispositivo consolidado (art. 793, CLT) autoriza a ilação de que o MPT também poderá atuar no polo passivo da ação — basta imaginar a ação de consignação em pagamento — ajuizada pelo empregador em face do trabalhador menor, na falta ou inexistência de representantes legais deste. Ademais, com a ampliação da competência da Justiça do Trabalho, podem surgir ações oriundas da relação de trabalho em que o adolescente, sem representante legal, figure como réu, o que exigirá a atuação obrigatória do MPT.

Outra situação que socorreria a empresa e o comitê de representantes de empresas na hora de tentar dar maior segurança jurídica aos acordos coletivos é se socorrerem diretamente do Judiciário por meio da Ação homologatória, levando-nos à conclusão de que os conflitos trabalhistas acarretariam na judicialização tão combatida atualmente pela doutrina pela teoria antonímia de "desjudicialização". Ainda que se entenda pela desta, entende-se que a aprovação do acordo recairá quase que inevitavelmente no Judiciário. A validade irrestrita desses acordos entre empresas e comitê de empregados é diretamente proporcional à admissão pela sociedade da desjudicialização para as demais questões.

Enquanto isso não ocorre, retoma-se o objeto de estudo e foi visto acima que o acordo celebrado entre empresa e comitê de empregados pode ser de qualquer natureza ou valor, sendo que o *caput* do art. 57 da referida Lei n. 9.099/95 (BRASIL, 1995) prevê que: *"o acordo extrajudicial, de qualquer natureza ou valor, poderá ser homologado, no juízo competente, independentemente de termo, valendo a sentença como título executo judicial".*

Quando diante de objeto que não afronte a lei ou Constituição Federal, observando-se a vedação do retrocesso social, poderá o Judiciário homologar o acordo celebrado entre as partes mediante o ajuizamento de ação homologatória que fará do termo avençado um título executo judicial previsto no inciso V do art. 475-N do CPC: *"São títulos executivos judiciais: V – o acordo extrajudicial, de qualquer natureza, homologado judicialmente".* Também aqui a lei concede autorização para acordos de qualquer natureza, possibilitando o ajuizamento da referida ação homologatória.

Os referidos dispositivos, por se tratarem de normas gerais de direito aplicam-se ao processo do trabalho de acordo com o art. 8º da CLT, ou quando entendida pela natureza processual do acordo extrajudicial que viabilizaria o ajuizamento da ação homologatória, aplica-se o art. 769 da CLT. Leciona Eduardo Gabriel Saad (2011, p. 1.066) que:

> Lamentável, é muito lacunoso o Título X, desta Consolidação, o que obriga o seu intérprete ou aplicador a recorrer, a todo instante, às normas do Código de Processo Civil. Escusado dizer que o fato cria toda a sorte de dificuldades aos que, por dever de ofício, têm de atuar no foro trabalhista. Em outra passagem desta obra, manifestamo-nos favoravelmente à elaboração de um Código de Processo do Trabalho.

Conquanto se tenha a polêmica da Jornada de Direito Material e Processual do Trabalho realizada no dia 23.11.2007 no TST, os verbetes aprovados servem de amostragem para aferir aquilo que a doutrina vem admitindo, *in casu* em relação ao conceito de aplicação subsidiária da norma processual, conforme verbete n. 66: *"Diante do atual estágio de desenvolvimento do processo comum e da necessidade de se conferir aplicabilidade à garantia constitucional da duração razoável do processo, os arts. 769 e 889 da CLT comportam interpretação conforme a Constituição Federal, permitindo a aplicação de normas processuais mais adequadas à efetivação do direito. Aplicação dos princípios da instrumentalidade, efetividade e não retrocesso social".*

A aplicação de norma processual mais adequada para efetivar o direito da empresa e do comitê de trabalhadores mediante o ajuizamento da ação homologatória será a utilização do art. 475-N do CPC c/c art. 57 da Lei n. 9.099/95 para que se tenha o aval do Judiciário e, requerendo a participação da entidade sindical que se recusou expressamente para os fins do art. 472 do CPC[50], conseguir obter a certeza jurídica e a coisa julgada do acordo celebrado.

---

(50) Art. 472, CPC: "A sentença faz coisa julgada às partes entre as quais é dada, não beneficiando, nem prejudicando terceiros. Nas causas relativas ao estado de pessoa, se houverem sido citados no processo, em litisconsórcio necessário, todos os interessados, a sentença produz coisa julgada em relação a terceiros".

11. Considerações Finais

A Democracia pressupõe a existência de um diálogo entre as partes que, no âmbito empresarial, sugere que ocorra entre o empregador e seus empregados representados pelo Comitê de Trabalhadores, especialmente quando a entidade sindical demonstra menoscabo com a negociação coletiva. Considera-se democrática a empresa que dialoga com os representantes dos trabalhadores e estes, por consequência, com os seus representados.

O instrumento de representação serve como "duplo canal" de comunicação entre empregador e empregados, garantindo-se o direito de expressão às partes, seja para o empregador expor situações perante os seus subordinados, ou mesmo destes com o seu superior hierárquico em busca de um ambiente de trabalho saudável e equilibrado, bem como entre os próprios trabalhadores com os seus representantes.

Há que se garantir os direitos fundamentais dos trabalhadores por uma negociação efetiva, direta e democrática.

A liberdade de expressão é assegurada a todos os trabalhadores. O direito de livre associação é um direito fundamental dos indivíduos, tal como a representação de trabalhadores que está devidamente inserida no Título II da Constituição Federal que versa sobre os Direitos e Garantias Fundamentais.

Como visto, na França ocorreu uma importante reforma trabalhista a fim de conceder aos representantes dos empregados o direito de livre expressão, obrigando-se os empregadores em reconhecer essas comissões.

A negociação coletiva é direito fundamental dos trabalhadores, estando albergada por normas internacionais aprovadas pela Organização Internacional do Trabalho que foram devidamente ratificadas pelo Brasil, bem como estando prevista na Constituição Federal que preconiza pela aplicação imediata de normas definidoras dos direitos e garantias fundamentais. Como tal, a Declaração da OIT sobre os princípios e direitos fundamentais no trabalho prevê o reconhecimento efetivo do direito de negociação coletiva.

Entende-se que, muito embora o art. 11 da CF (BRASIL, 1988) não exija expressamente a participação de representantes sindicais na negociação coletiva, deve haver a interpretação conjunta com a previsão contida no art. 8º, VI da CF (BRASIL, 1988), para se alcançar a máxima efetividade da norma constitucional e assegurar-se os direitos fundamentais dos trabalhadores evitando-se o retrocesso social a que alude o *caput* do art. 7º da Constituição Federal (BRASIL, 1988).

A história acusa a existência de uma crise na representatividade sindical que faz surgir a necessidade de tutelar-se os direitos e garantias dos trabalhadores por meio de Comissões eleitas pelos próprios trabalhadores em um amplo processo democrático, e as previsões legais celetistas e constitucionais impõem a observância de determinados requisitos antecessores à autorização da negociação direta com os trabalhadores eleitos.

O Colendo Tribunal Superior do Trabalho foi poucas vezes instado a se manifestar sobre a possibilidade de o comitê de trabalhadores firmar acordo diretamente com seus empregadores, sem a participação de representantes dos sindicatos para toda e qualquer questão. Contudo, em jurisprudência destacada, infere-se que o Tribunal declarou a constitucionalidade do § 1º do art. 617 da CLT (BRASIL, 1943), que preconiza pela possibilidade dos interessados em prosseguir diretamente na negociação coletiva até o final quando o sindicato tenha se desincumbido do encargo recebido.

Porém, essa desincumbência da entidade sindical para negociar e que legitima um comitê de trabalhadores em negociar diretamente com seu empregador deve ser analisada de maneira cautelosa, requerendo-se a aferição dos motivos da recusa sindical que, muita das vezes, pode decorrer de um justo motivo expressas e devidamente respaldado em uma determinada lei.

A insurgência de um único trabalhador, eventualmente em uma Reclamação Trabalhista individual, deve ser analisada em um contexto de proteção à coletividade de trabalhadores inseridos naquela empresa, considerando-se que o instrumento firmado albergou os direitos fundamentais dos trabalhadores e o mínimo existencial. O sistema jurídico assegura direitos aos particulares contra o Estado e, de acordo com a eficácia horizontal dos direitos fundamentais, a mesma proteção se aplica na relação entre os particulares. A existência de direitos fundamentais não exclui a importância dos direitos coletivos. Dessa forma, antes de nulificar os efeitos daquele determinado acordo, cabe ao intérprete analisá-lo de acordo com o contexto que se apresenta a fim de verificar se aquela determinada redução de direitos individuais não ocorreu para se proteger os direitos de outros, insertos em uma coletividade e que tiveram o direito ao trabalho assegurado pelos sacrifícios recíprocos.

Conforme demonstrado neste trabalho, o Estado democrático se revela como uma instância de solução de conflitos entre as pretensões divergentes. Uma vez instalado o Comitê de Representantes da Empresa no estabelecimento empresarial, por meio de um amplo processo democrático que contará com a participação dos trabalhadores na escolha dos representantes, o processo de deliberação deverá ser considerado válido por ter funcionado como *instância global de atribuição* de legitimidade democrática. Respeitados os direitos fundamentais, e analisado o contexto em que o acordo foi firmado, os trabalhadores vencidos deverão respeitar a soberania da assembleia que aprovou o direito coletivo que se aplicará aos contratos de trabalho. O comitê que conta com a participação dos trabalhadores funciona como estrutura de legitimação às cláusulas negociadas.

12. Referências Bibliográficas

AGUIAR, Antonio Carlos. *Negociação Coletiva de Trabalho*. São Paulo: Saraiva, 2011.

ALMEIDA, Renato Rua de. O moderno direito do trabalho e a empresa: negociação coletiva, representação dos empregados, direito à informação, participação nos lucros e regulamento interno, *Revista LTr*, v. 62, n. 39, p. 37-41, jan. 1998.

_____. A descentralização do nível da negociação coletiva para o âmbito da empresa. *Suplemento Trabalhista LTr*, São Paulo, v. 45, n. 76, p. 367-369, 2009.

_____. O modelo sindical brasileiro é corporativista, pós-corporativista ou semicorporativista? *Revista LTr*, São Paulo, v. 77, n. 1, p. 7-15, jan. 2013.

ALVES, Maria Helena Morais. *Estado e oposição no Brasil (de 1964 a 1979)*. Petrópolis: Vozes, 1984.

AMARAL, Arnaldo José Duarte do. *Estado Democrático de direito:* Nova teoria geral do Direito do Trabalho — adequação e compatibilidade. São Paulo: LTr, 2008.

AROUCA, José Carlos. *O sindicato em um mundo globalizado*. São Paulo: LTr, 2003.

_____. *Organização Sindical no Brasil:* passado, presente, futuro (?). São Paulo: LTr, 2013.

_____. As perspectivas do direito coletivo do trabalho. *Revista LTr*, v. 78, n. 2, p. 135-143, fev. 2014.

BARROSO, Luís Roberto. *Curso de Direito Constitucional Contemporâneo:* os conceitos fundamentais e a construção do novo modelo. 4. ed. São Paulo: Saraiva, 2013.

BATALHA, Claudio Henrique de Moraes. *O Movimento Operário na Primeira República*. Rio de Janeiro: Jorge Zahar, 2000.

BEZERRA LEITE, Carlos Henrique. *Curso de Direito Processual do Trabalho*. 10. ed. São Paulo: LTr, 2012.

BORBA, Joselita Nepomuceno. *Legitimidade concorrente na defesa dos direitos e interesses coletivos e difusos*. São Paulo: LTr, 2013.

BRASIL. *Projeto de Código do Trabalho, de 23 de abril de 1963*. Diário Oficial da União, 23 abr. 1963, Seção 1. Disponível em: <http://www.jusbrasil.com.br/diarios/2758539/pg-56-secao-1--diario-oficial-da-uniao-dou-de-23-04-1963/pdfView> Acesso em: 7 fev. 2014.

BUCHANAN, James M.; TULLOCK, Gordon. *The calculus of consent:* logical foundations of constitutional democracy. 1. ed. Indianapolis: Liberty Fund., 1990 (1962). 337 p. (The selected Works of Gordon Tullock v. 2).

CANOTILHO, J. J. Gomes. *Direito constitucional e teoria da Constituição*. 6. ed. rev. Coimbra: Almedina, 1993.

_____. *Direito constitucional e teoria da Constituição*. 5. ed. Coimbra: Almedina, 2002.

_____. *Estudos sobre direitos fundamentais*. Coimbra: Coimbra Editora, 2004.

CARRION, Valentin. *Comentários à Consolidação das Leis do Trabalho*. 32. ed. São Paulo: Saraiva, 2007.

CARVALHO FILHO, José dos Santos. *Manual de Direito Administrativo*. 22 ed. rev. e ampl. Rio de Janeiro: Lumen Juris, 2009.

CATALDO, José Luis. *El nuevo derecho del trabajo*. Santiago de Chile: Universitaria, 2004.

CAVALIERI FILHO, Sérgio. *Programa de responsabilidade civil*. 2. ed. São Paulo: Malheiros, 2000.

CORREA, Carlos Romeu Salles. *O princípio da proibição do retrocesso social no Direito do Trabalho*. Salvador, BA, 2012. 138 f. Dissertação (Mestrado em Direitos Fundamentais e Reflexos nas Relações Sociais) — Universidade Federal da Bahia, 2012.

DALLARI, Dalmo de Abreu. *Elementos de Teoria Geral do Estado*. 21. ed. São Paulo: Saraiva, 2000.

DELGADO, Mauricio Godinho. *Curso de Direito do Trabalho*. 10. ed. São Paulo: LTr, 2011.

DIAS, Carlos Eduardo Oliveira. *A efetivação jurisdicional da liberdade sindical*. São Paulo, 2014. 441 f. Tese (Doutorado em Direito do Trabalho e Previdência Social) — Universidade de São Paulo, 2014.

DÍAZ, Elias. Estado de derecho y derechos humanos. In: BETEGÓN, Jerônimo *et al.* (Coords.). *Constitución y derechos fundamentales*. Madrid: Centro de Estudios Políticos y Constitucionales, 2004.

DIDIER JÚNIOR, Fredie; ZANETI JÚNIOR, Hermes. *Curso de Direito Processual Civil*: Processo Coletivo. 4. ed. Bahia: Podivm, 2009.

DONATO, Messias Pereira. Cogestão. In: DELGADO, Mauricio Godinho; DELGADO, Gabriela Neves (Orgs.). *Direito do Trabalho da seguridade social*: direito do trabalho coletivo, administrativo, ambiental e internacional. São Paulo: Revista dos Tribunais, 2012.

FARIA, José Eduardo. *Direito e Globalização Econômica*: implicações e perspectivas. São Paulo: Malheiros, 1996.

FREITAS JÚNIOR, Antônio Rodrigues de. *Sindicato*: Domesticação e Ruptura — Um estudo da representação sindical no Direito Brasileiro. São Paulo: Ordem dos Advogados do Brasil, Departamento Editorial, 1989.

_____. Reflexões sobre as vantagens, desvantagens e implicações da Convenção n. 87 da OIT para as relações do trabalho no Brasil. In: PEREIRA, Armand F. (Org.). *Reforma Sindical e negociação coletiva*. 1. ed. Brasília: OIT, 2001.

GAGLIANO, Pablo Stolze; PAMPLONA FILHO, Rodolfo. *Novo Curso de Direito Civil*. 7. ed. São Paulo: Saraiva, 2009. V. 3: Responsabilidade Civil.

GILISSEN, John. *Introdução histórica ao direito*. 3. ed. Tradução de A. M. Hespanha e L. M. Malheiros. Lisboa: Fundação Calouste Gulbenkian, 2001.

GOTTSCHALK, Egon Felix. *Norma Pública e Privada no Direito do Trabalho*: Um ensaio sobre tendências e princípios fundamentais do Direito do Trabalho. São Paulo: Livraria Acadêmica — Saraiva & Cia., 1944.

_____. *A participação do empregado na gestão da empresa*. Salvador: Progresso, 1958.

_____. Representação de interesses por meio de conselhos de empresa. In: DELGADO, Mauricio Godinho; DELGADO, Gabriela Neves (Orgs.). *Direito do Trabalho da seguridade social*: direito do trabalho coletivo, administrativo, ambiental e internacional. São Paulo: Revista dos Tribunais, 2012.

JOÃO, Paulo Sérgio. *Obter lucro ou resultado no negócio*. [s. d.] Disponível em: <http://www.psjadvogados.com.br/blog/?cat=5> Acesso em: 1º jul. 2013.

LENZA, Pedro. *Direito Constitucional Esquematizado*. 14. ed. São Paulo: Saraiva, 2010.

LUCA, Carlos Moreira de. *Convenção Coletiva de Trabalho:* um estudo comparativo. São Paulo: LTr, 1991.

MAGANO, Octavio Bueno. Participação, concerto, acordos sociais nas relações trabalhistas contemporâneas: direito dos trabalhadores à informação — a participação dos trabalhadores por métodos diferentes da negociação coletiva. *Revista de Direito do Trabalho — RDT*, v. 11, n. 62, p. 59-73, jul./ago. 1986.

MALLET, Estêvão. *Temas de direito do trabalho.* São Paulo: LTr, 1998.

MARTINEZ, Luciano. *Condutas antissindicais.* São Paulo: Saraiva, 2013.

MASSONI, Túlio de Oliveira. *Representatividade Sindical.* São Paulo: LTr, 2007.

MAUERBERG JUNIOR, Arnaldo; STRACHMAN, Eduardo. *Um estudo a respeito dos processos decisórios: a regra da maioria, seus problemas e possíveis soluções.* Encontro de Administração Pública e Governo. Salvador: Anpad, 2012. Disponível em: <http://www.anpad.org.br/diversos/trabalhos/EnAPG/enapg_2012/2012_EnAPG165.pdf> Acesso em: 14 fev. 2014.

MEIRELLES, Davi Furtado. *Negociação Coletiva no local de trabalho —* A experiência dos Metalúrgicos do ABC. São Paulo: LTr, 2008.

MENDES, Gilmar Ferreira; COELHO, Inocêncio Mártires; BRANCO, Paulo Gustavo Gonet. *Curso de Direito Constitucional.* 2. ed. rev. e atual. São Paulo: Saraiva, 2008.

MIRANDA, Fernando Hugo R. A descentralização da negociação coletiva — compreendendo o fenômeno por meio de uma análise comparada da experiência brasileira, francesa e alemã. *Revista LTr*, São Paulo, v. 76, n. 12, p. 1.495-1.502, dez. 2012.

MORAES FILHO, Evaristo de. *Introdução ao direito do trabalho.* Rio de Janeiro: Forense, 1956. v. 1.

MÜLLER, Friedrich. *Quem é o povo?* A questão fundamental da democracia. Tradução de Peter Naumann. Revisão de Paulo Bonavides. São Paulo: Max Limonad, 1998.

_____. *Quem é o povo?* A questão fundamental da democracia. Tradução de Peter Naumann. Revisão de Paulo Bonavides. 6 ed. rev. e atual. São Paulo: Revista dos Tribunais, 2011.

NASCIMENTO, Amauri Mascaro. *Curso de Direito do Trabalho.* 22. ed. São Paulo: Saraiva, 2007.

_____. *Compêndio de Direito Sindical.* 6. ed. São Paulo: LTr, 2009.

_____. *Curso de Direito do Trabalho.* 28. ed. São Paulo: Saraiva, 2013.

OIT — Organização Internacional do Trabalho. *Libertad sindical:* Recopilación de decisiones y principios del Comité de Libertad Sindical del Consejo de Administración de la OIT. 5. ed. rev. Genebra: Oficina Internacional do Trabalho, 2006.

OLIVEIRA, Dalva. *Reformas.* A atualização da legislação trabalhista e os direitos fundamentais do trabalho, segundo a declaração de princípio da OIT. São Paulo: LTr, 2004.

OLIVEIRA, Fernando Alves. *S.O.S. Sindicalpt:* o que os contribuintes dos sindicatos e a sociedade precisam saber sobre o sindicalismo brasileiro e suas graves contradições. São Paulo: LTr, 2009.

PEREIRA, Marcelo Caon. A constitucionalidade do art. 617 da CLT — negociação coletiva. *Suplemento Trabalhista LTr*, São Paulo, v. 48, n. 29, p. 133-139, mar. 2012.

RAMALHO, Maria do Rosário Palma. *Da autonomia dogmática do Direito do Trabalho.* Coimbra: Almedina, 2000.

_____. *Negociação Colectiva Atípica.* Coimbra: Almedina, 2009.

REALE, Miguel. *O Estado Democrático de Direito e o Conflito das Ideologias*. 2. ed. rev. São Paulo: Saraiva, 1999.

RODRIGUEZ, Américo Plá. *Princípios de Direito do Trabalho*. Tradução de Wagner D. Giglio. São Paulo: LTr, 1978.

ROMITA, Arion Sayão. *Direitos Fundamentais nas Relações de Trabalho*. São Paulo: LTr, 2005.

SAAD, Eduardo Gabriel. *Consolidação das Leis do Trabalho comentada*. 44. ed. atual., rev. e ampl. por José Eduardo Duarte Saad e Ana Maria Saad Castello Branco. São Paulo: LTr, 2011.

SARLET, Ingo Wolfgang. Notas sobre a assim designada proibição de retrocesso social no constitucionalismo latino-americano. *Revista do Tribunal Superior do Trabalho*, Brasília, v. 75, n. 3, p. 116-149, jul./set. 2009.

SILVA, De Plácido e. *Vocabulário Jurídico*. Rio de Janeiro: Forense, 1993. 4 v.

SILVA, José Afonso da. *Aplicabilidade das normas constitucionais*. 3. ed. São Paulo: Malheiros, 1998.

STRECK, Lenio. *Jurisdição constitucional e hermenêutica*: uma nova crítica do direito. Porto Alegre: Livraria do Advogado, 2002.

SÜSSEKIND, Arnaldo. *Direito Constitucional do Trabalho*. 2. ed. Rio de Janeiro: Renovar, 2001.

_____. *Convenções da OIT*. 2. ed., 1998. Disponível em: <http://www.oitbrasil.org.br/node/489> Acesso em: 17 jul. 2013.

TEPEDINO, Gustavo. Notas sobre o Nexo de Causalidade. *Revista Trimestral de Direito Civil*, Rio de Janeiro, PADMA, ano 2, v. 6, p. 3-19, jun. 2001.

TRABALHADOR pode ingressar na Justiça mesmo sem tentar conciliação prévia. *Supremo Tribunal Federal*, 13 maio 2009. Disponível em: <http://www.stf.jus.br/portal/cms/verNoticiaDetalhe.asp?idConteudo=108151> Acesso em: 2 abr. 2014.

VENOSA, Silvio de Salvo. *Direito Civil*. Responsabilidade Civil. 8. ed. São Paulo: Atlas, 2008.

Sites consultados:

SCHWARTZ, Rodrigo Garcia. *Acordo coletivo com propósito específico é retrocesso*. Disponível em: <http://www.conjur.com.br/2012-ago-17/rodrigo-schwarz-acordo-coletivo-propositoespecifico-retrocesso> Acesso em: 30 abr. 2015.